सुनहरे रंग की छतरी

OrangeBooks Publication

Smriti Nagar, Bhilai, Chhattisgarh - 490020

Website: **www.orangebooks.in**

First Edition, 2023

सुनहरे रंग की छतरी

डॉ प्रदीप शर्मा

OrangeBooks Publication

www.orangebooks.in

प्राक्कथन

कहानी मनोरंजन का एक सशक्त साधन है। मनोरंजन के साथ-साथ कहानी यदि पाठक को समाज का दर्शन भी करवा सके तो वह कहानी और भी अर्थपूर्ण हो जाती है। प्रत्येक कहानीकार का हर-सम्भव प्रयास रहता है कि उसकी रचना अर्थपूर्ण हो। कहानीकार सदैव ऐसे विषय की तलाश में रहता है जो सामयिक हो, एक आम इन्सान की ज़िन्दगी से जुड़ा हुआ हो और जो मन में कौतुहल पैदा करने में सक्षम हो। ऐसे विषय को एक कहानी में रूपान्तरित करते समय कहानीकार वार-वार उस कहानी को जीता और भोगता है, और अपने अनुभव को सरल, सहज एवम् मनोरंजक ढंग से पाठकों को परोसता है। रहस्य और रोमांच कहानी को और भी दिलचस्प बना देते हैं।

'सुनहरे रंग की छतरी' नाम से प्रस्तुत कहानी-संग्रह की प्रत्येक रचना में मेरा यही प्रयास रहा है कि कहानी की पृष्ठभूमि अर्थपूर्ण हो। प्रत्येक कहानी का विषय सरल हो, कहानी हमारे इर्द-गिर्द घटित घटनाओं से प्रेरित हो और समाज में फैली असहजता और उससे उत्पन कुण्ठा जैसे गम्भीर विषय को उजागर करती हो। मेरी कहानियों के पात्र आम नागरिक हों जो सहजता से पाठकों से जुड़ सकें। मैनें हर कहानी को सहज, सरल, कहीं-कहीं व्यंग्यात्मक शैली का प्रयोग करते हुए, मनोरंजक अन्दाज़ में

कहने की चेष्टा की है। प्रत्येक कहानी में एक रहस्य छिपा है जो पाठक को कहानी के अन्त तक बान्धे रखने में सक्षम सिद्ध होगा, ऐसा मेरा विश्वास है।

'सुनहरे रंग की छतरी' कहानी-संग्रह पंद्रह कहानियों का संकलन है। यह कहानियां समाज में फैली अनिश्चितता एवम् पीड़ा (चूहे, उद्घाटन, जिस तन लागे), विश्वास (फास्ट फूड, सुनहरे रंग की छतरी, मन के जीते जीत, वो कौन था?), अन्धविश्वास (ग्रह-चक्र, दूसरा शरीर, पाप-पुण्य), युवक-युवतियों में विदेश में बसने की जिज्ञासा और उसके परिणाम (बकरवाल), मानसिक अन्तर्द्वन्द (प्रश्न, डर, बाबू) और शो-बिज़नेस (मजबूरी का दूसरा नाम मैक्स) इत्यादि को प्रतिविम्बित करती हैं। प्रत्येक कहानी पाठक को गुदगुदाने के साथ-साथ सोचने पर विवश भी कर देगी। किन्तु मेरा आशय पाठकों को सोच के बोझ तले दबाने का नहीं अपितु मन को उद्वेलित कर मनोरंजन के आकाश में हिलोरे देने का है। मुझे पूर्ण विश्वास है कि 'सुनहरे रंग की छतरी' मेरे पिछले कहानी-संग्रह 'अफीम के फूल' व 'गोलगप्पे' की भांति पाठकों को आशातीत पसन्द आएगी। इसी आशा के साथ मैं 'सुनहरे रंग की छतरी' कहानी-संग्रह आप सब को समर्पित कर रहा हूं।

डॉ प्रदीप शर्मा

विषय सूची

1

चूहे

बरामदे में बैठे शर्मा जी ने चाए की अन्तिम चुस्की ली ही थी कि शम्भू, उनका नौकर, अपनी आदत के विपरीत, दौड़ता हुआ वहां पर प्रकट हुआ और आते ही बोला, "मालिक, फंस गए।"

"कौन?"

"चूहे… तीन चूहे मालिक… एक बड़ा और दो छोटे।"

"कहां?"

"पिंजरे में।"

"पिंजरे में?"

"जी मालिक, पिंजरे में जो हमने पिछली रात स्टोर में लगाया था।"

"ओह…।" सम्पूर्ण किस्सा शर्मा जी की समझ में आ गया।

पिछले ही कल शर्मा जी ने शम्भू से कहा था, "शम्भू, चूहों ने बहुत परेशान कर रखा है। पता नहीं ये चूहे हमारे स्टोर में कहां से आ गए हैं। बहुत नुकसान कर रहे हैं।"

"जी मालिक।"

"क्या तुम इन चूहों का कुछ कर सकते हो?"

"अवश्य मालिक" हाजिर-जवाब शम्भू की तुरन्त प्रतिक्रिया थी, "मैं इन चूहों को पकड़ सकता हूं।"

"ठीक है, तुम पकड़ो, कुछ भी करो, मगर इन चूहों से मुझे निजात दिलाओ।"

"जी मालिक।"

और तभी शम्भू ने स्टोर में चूहे पकड़ने वाला पिंजरा लगा दिया था जिसमें रात को तीन चूहे फंस गए थे, जिनका ज़िक्र शम्भू ने अभी- अभी शर्मा जी से किया था।

"इन चूहों का क्या करोगे?"

"कुछ तो करना ही पड़ेगा मालिक।"

"इन्हें मार दो... न रहे बांस, न बजे बांसुरी।"

"नहीं मालिक" शम्भू ने हिचकिचाते हुए कहा, "मैं यह नहीं कर सकता। मैं चूहे पकड़ तो सकता हूं परन्तु उन्हें मार नहीं सकता।"

"क्यों? चूहे मारने में क्या मुश्किल है?" शर्मा जी ने अपनी आवाज़ में कुछ तल्खी का पुट समायोजित करते हुए पूछा।

"पूजा" शम्भू ने कहा "मेरी पूजा।"

"कौन पूजा? तुम्हारी वीवी?"

"नहीं मालिक, भगवान की पूजा।... मैं बचपन से ही गणपति गणेश का भक्त हूं। वे मेरे अराध्य हैं और चूहा उनका वाहन। अब आप ही बताईए मैं चूहों को कैसे मार सकता हूं?"

"ओफ्फो" शर्मा जी की आवाज़ में झुंझलाहट थी।

किन्तु शम्भू ने कहना जारी रखा, "मालिक, सरकार ने भी जानवरों की रक्षा के लिए सख्त कानून बना रखे हैं। यहां तक कि उनके सिनेमा या सर्कस में काम करने पर भी कड़े प्रतिबन्ध हैं ताकि जानवरों को किसी भी प्रकार की शारीरिक या मानसिक पीड़ा न हो। मारने की बात तो..."

"क्या चूहे मारने पर भी पाबन्दी है?... इन्सान तो धड़ाधड़ मर रहे हैं। उन पर तो कोई पाबन्दी नहीं?"

"यह तो पता नहीं मालिक, लेकिन...।"

"यहां कौन सी सरकार देख रही है तुम्हें?" शर्मा जी ने झुंझला कर शम्भू की बात काटी। फिर कुछ सोच कर वे बोले, "ठीक है... मत मारो, परन्तु इन्हें कहीं दूर छोड़ आओ।"

"जी मालिक, लेकिन..." शम्भू ने पुनः सन्देह प्रकट किया, "किसी ने देख लिया कि मैं उनके घर के आसपास चूहे छोड़ रहा हूं तो हंगामा हो जाएगा।"

"किसी के घर के आसपास क्यों छोड़ोगे तुम?"

"मालिक, यह बस्ती मीलों तक फैली हुई है। चारों तरफ घर ही घर हैं। जहां भी ये चूहे छोड़ूंगा, आसपास किसी न किसी का घर तो होगा ही।"

"अभी सुबह का समय है। सड़कों पर लोग नहीं मिलेंगे तुम्हें।"

"मालिक, यदि एक जानकार भी मिल गया तो..." शम्भू का संदेह बरकरार था, "नहीं मालिक, इस कार्य में बहुत जोखिम है।"

"अरे यार… सड़क पर छोड़ दो। एक मिनट में मोटर-गाड़ी के नीचे आ कर कुचले जाएंगे।"

"और लोग तुरन्त समझ जाएंगे कि ये चूहे हमारे घर से आए हैं।"

"कैसे?… क्या इन चूहों पर हमारे घर की मुहर लगी है?"

"राधेशाम… मालिक, राधेशाम… वह सब जानता है।"

"अब यह राधेशाम कौन है?"

"राधेशाम किराने वाला… जिससे हम हर महीने घर का राशन लाते हैं।"

"उसे कैसे मालूम कि हमने चूहे पकड़े हैं?"

"मालिक हमारे घर में चूहे पकड़ने वाला पिंजरा तो है नहीं। कल जब आपने मुझसे स्टोर में चूहे पकड़ने के लिए कहा तो मैं पिंजरा खरीदने के लिए बाज़ार गया। जब मैं पिंजरा खरीद कर वापिस आ रहा था तो अपनी दुकान पर बैठे हुए राधेशाम ने मुझे देख लिया और बोला 'चूहे पकड़ने का इरादा है शम्भू?… देखो, चूहे पकड़ कर कहीं आसपास मत छोड़ देना। तुम्हारी सेहत के लिए अच्छा नहीं होगा।'… अब आप ही बताईए मालिक, चूहों को आसपास छोड़ने में कितना जोखिम है।"

"क्या मुसीबत है यार।" शर्मा जी ने हताश मुद्रा में अपने दोनों हाथ कुर्सी के हैंडल पर पटके। तनिक चुप रहे। कुछ सहज हुए तो बोले, "तो क्या करें?"

"चिन्ता का विषय है मालिक" शम्भू ने कहा।

"कुछ सोचो। तुम्हारे पास, तुम कहते हो, हर समय हर मर्ज़ की दवा तैयार रहती है।"

"जी मालिक।"

"आज क्या हो रहा है? तुम्हारी सोच को ग्रहण लग गया है क्या?"

"सोचता हूं मालिक" और शम्भू गर्दन झुकाए खड़े-खड़े सोचने की चेष्टा करने लगा। कुछ पल उपरान्त अचानक उसके मुंह से निकला, "चिड़ियाघर।"

"चिड़ियाघर?"

"हां मालिक, चिड़ियाघर... हमारे शहर में कोई चिड़ियाघर भी नहीं है।"

"तो?... मेरे हिसाब से तो सारा शहर ही एक चिड़ियाघर है। एक से बढ़ कर एक खूंखार जानवर रहते हैं यहां।... आजकल मुझे इन्सान और जानवर में कोई विशेष अन्तर नज़र नहीं आता। कई मामलों में तो इन्सान जानवरों से भी बदतर हैं।... खैर, यदि चिड़ियाघर होता भी तो तुम क्या करते?"

"मैं इन चूहों को तुरन्त वहां छोड़ आता" शम्भू ने अपनी बुद्धीमता का परिचय दिया।

"बहुत अच्छे... वैसे वह जगह तुम्हारे लिए भी बुरी नहीं।"

किन्तु शर्मा जी के व्यंग्यबाण से शम्भू किंचित भी विचलित नहीं हुआ। उसने सोचने का कार्य जारी रखा। फिर वह अचानक बोला, "करणी माता मन्दिर।"

"करणी माता मन्दिर?"

"जी मालिक, करणी माता मन्दिर... राजस्थान में बीकानेर से लगभग तीस किलोमीटर दूर देशनोक गांव में करणी माता मन्दिर...

हिन्दुओं का एक प्राचीन धर्म-स्थल। इसे चूहों का मन्दिर भी कहते हैं। इस मन्दिर में लगभग पच्चीस हजार चूहे रहते हैं। उन्हें पूजा जाता है।"

"तुम कहना क्या चाहते हो?"

"मैं कहना चाहता हूं कि मन्दिर बहुत दूर है, वरना चूहों को वहां छोड़ आते। हमारी समस्या हल हो जाती और चूहों का उद्धार हो जाता।"

"बहुत खूब… सोच में तुम्हारा कोई सानी नहीं। तुम्हें तो सरकार में सलाहकार होना चाहिए था।"

तभी गेट पर घंटी बजी। शर्मा जी बोले, "अखबार वाला होगा। जाओ, अखबार ले आओ।"

शर्मा जी को अखबार दे कर शम्भू रसोईघर में चला गया। अखबार खोलते ही शर्मा जी की दृष्टि प्रथम पृष्ठ की हैडलाईनज़ पर पड़ी।… 'लोगों की भीड़ पर अन्धाधुन्द फायरिंग… सत्ताईस लोगों की मौत, दो सौ घायल… मरने वालों की संख्या और भी बढ़ सकती है…।'

शर्मा जी ने अखबार बन्द कर दी। दिल में एक टीस सी उठी। सोचने लगे कि यह समाचार पत्र इन्सानी समाज का दर्पण है या शैतानी कब्रिस्तान का आइना जहां प्रतिदिन मौत का नंगा नाच हो रहा है। कोई दिन ऐसा नहीं होता जिस दिन आतन्कवाद का समाचार न छपा हो। समाचार पत्र के हर पन्ने पर धोखाधड़ी, लूट-खसूट, कत्ल, खून-खराबा, दुर्घटना, बलात्कार और न जाने क्या क्या नकारात्मक समाचार छपे होते हैं।… वाह, क्या शान है इन्सानी समाज की! क्या वास्तव में ऐसा समाज इन्सानी समाज कहलाने योग्य है?… हम तो यहां तीन चूहों की ज़िन्दगी के बारे में सोच-सोच कर परेशान हो रहे हैं और उधर तथाकथित सभ्य समाज में इन्सानी ज़िन्दगी की भी कोई कीमत नहीं। दुनियाभर की सरकारें

जानवरों को बचाने के लिए वेशकीमती योजनाएं बनाने में जुटी हैं। शायद वे ठीक ही कर रही हैं, क्योंकि आज के समाज में जानवर इन्सानों से बेहतर हैं। वे इन्सानों की तरह लालची व धोखेबाज़ नहीं। वे परस्पर जीना जानते हैं और जीते भी हैं। उनका संरक्षण वास्तव में अति अनिवार्य है। वही हैं जिनसे हम जीवन को भविष्य में ले जा पाने की आशा कर सकते हैं। इन्सान ने तो जगत विनाश की सम्पूर्ण तैयारी कर ली है।

शर्मा जी ने शम्भू को आवाज़ दी, "शम्भू, चूहों का पिंजरा ले आओ।"

शम्भू पिंजरा ले आया। पिंजरे में कैद तीनो चूहे सहमें से टुकर-टुकर शर्मा जी की ओर देख रहे थे। शर्मा जी ने कुछ पल के लिए एकटक उन्हें निहारा। फिर आगे बढ़ कर घर का गेट खोल दिया। शम्भू ने शर्मा जी के कहने पर पिंजरा गेट के बीचों-बीच फर्श पर रखा और पिंजरे का द्वार खोल दिया। तीनों चूहे तुरन्त पिंजरे से बाहर निकल आए। एक क्षण के लिए उन्होंने इधर-उधर देखा फिर बिजली की तेजी से घर के पिछवाड़े की तरफ दौड़ लिए। शम्भु ने देखा... शर्मा जी के चेहरे पर एक अद्भुत चमक थी... एक असीम सी शान्ति थी जो अक्सर द्वन्द के बाद एक विजयी योद्धा के चेहरे पर होती है।

2

फास्ट फूड

आज जब मैनें चन्दन तिलकधारी जी को फ्रेश बेकरी शॉप पर पिज़्ज़ा और नूडल्ज़ खरीदते देखा तो मुझे बहुत आश्चर्य हुआ। मैनें उनसे पूछ ही लिया "तिलकधारी जी यह क्या? आप और पिज़्ज़ा?… खुश्बू और तितली, आप ही ने बताया था, दिल्ली वापिस चले गए हैं। और आप तो फास्ट फूडज़ से कोसों दूर हैं।"

एक दिन उन्होंने मुझे इसी बेकरी शॉप से पिज़्ज़ा खरीदते हुए देख कर कहा था "यह क्या खरीद रहे हो शर्मा जी… ताज़ा दाल-रोटी खाओ। यह कोई खाना है?… बिमारी का घर।"

"कभी-कभार ही खरीदता हूं… फार-ए-चेंज" मैनें उत्तर दिया था "…अच्छा लगता है। वरना रोज़ तो हम दाल-रोटी ही खाते हैं।"

"कभी-कभार भी नहीं। जो चीज़ एक बार अच्छी नहीं वह कभी भी अच्छी नहीं।"

वैसे मैं जानता हूं कि तिलकधारी जी की फास्ट फूडज़ के विरुद्ध कोई व्यक्तिगत दुश्मनी नहीं। यह व्यंजन उन्हें खाने में अच्छे ही नहीं लगते… बस। ऐसा उन्होंने घर लौटते समय रास्ते में मुझे बताया था जब

मैंने उनसे पूछा था "क्या आपको फास्ट फूडज़ बिल्कुल अच्छे नहीं लगते?"

"कभी खाए ही नहीं।" फिर उन्होंने इसका स्पष्टीकरण भी दिया।

बचपन में स्कूल में उनके अध्यापक ने कक्षा में बताया था कि फास्ट फूडज़, जिन्हें जंक फूडज़ भी कहते हैं, और मांसाहारी व्यंजन स्वास्थ्य के लिए अच्छे नहीं होते। उनसे जितना दूर रहा जाए, स्वास्थ्य के लिए उतना ही अच्छा है। भोजन वह खाओ जो जीव्हा के लिए ही नहीं अपितु शरीर और मन के लिए भी लाभकारी हो। जैसा अन्न, वैसा मन और जैसा मन, वैसा व्यवहार। मनुष्य को स्वाद का गुलाम नहीं होना चाहिए। मांसाहारी भोजन तो वैसे भी तामसिक प्रवृत्ति पैदा करते हैं।... अपने अध्यापक की यह बात तिलकधारी जी ने गांठ बान्ध ली थी। वह दिन और आज का दिन, तिलकधारी जी ने मांसाहारी भोजन तो क्या फास्ट फूडज़ को भी कभी हाथ तक नहीं लगाया था।

तिलकधारी जी विशुद्ध भारतीय व्यंजनों के दीवाने हैं। उनका मानना है कि स्वाद और पौष्टिकता में शाकाहारी भारतीय व्यंजनों का कोई मेल नहीं। उस दिन भारतीय व्यंजनों पर उन्होंने मुझे एक अच्छी खासी तकरीर भी सुना दी थी।

"भारतीय शाकाहारी व्यंजन... वाह! क्या बात है इनकी।... स्वादिष्ट, पौष्टिक तथा निरोगी। वैराइटी का तो कहना ही क्या। जितने राज्य उससे कहीं अधिक वैराइटी। प्रत्येक राज्य के अपने-अपने विशिष्ट व्यंजन और सब का अपना-अपना स्वाद... नमकीन, खट्टे, मीठे, फीके, तीखे, चटपटे... आहा, एक से बढ़कर एक" तिलकधारी जी स्वाद ले-ले कर धारा-प्रवाह बोले जा रहे थे "भारतीय रसोई-घर?... भाई कमाल है... किसी आयुर्वेदिक औषधालय से कम नहीं। भारतीय व्यंजनों में

प्रयोग किए जाने वाले मसाले… हल्दी, जीरा, लौंग, सोंठ, सौंफ, धनिया, अजवायन, हींग, काली मिर्च, लाल मिर्च, लहसुन, प्याज… एक से बढ़ कर एक गुणकारी औषधी हैं। अब तो पोषण विशेषज्ञों ने भी सिद्ध कर दिया है कि मांसाहारी व्यंजनों की तुलना में शाकाहारी व्यंजन, जैसे दाल, चावल, सब्जी-भाजी, चपाती इत्यादि, अधिक पौष्टिक हैं। पोषण विशेषज्ञ पश्चिमी देशों में प्रचलित फास्ट फूड्ज़ को, जो आज की नौजवान पीढ़ी का प्रिय आहार बन चुके हैं, जंक फूड्ज़ की श्रेणी में गिनते हैं। मज़ेदार बात यह है कि पश्चिमी लोग तो अब भारतीय व्यंजनों के दीवाने हो रहे हैं और हम फास्ट फूड्ज़ की ओर भाग रहे हैं।"

"यदि आप बुरा न मानें तो एक बात कहूं" मैनें अपना तर्क रखने की कोशिश की।

"कहिए न, बुरा क्यों मानूंगा।"

"मेरा मानना है कि संसार में कोई भी चीज़ पूर्ण रूप से अच्छी या बुरी नहीं। हर अच्छी चीज़ बुरी है और हर बुरी चीज़ अच्छी है। किसी चीज़ का अच्छा या बुरा होना मनुष्य की सोच और व्यवहार पर निर्भर करता है। हर चीज़ का अपना स्वभाव और गुण है। इसलिए हर चीज़ को विवेक और तर्क की कसौटी पर जांचना चाहिए। मनुष्य को एडवैंचरस होना चाहिए, लकीर का फकीर नहीं। 'क्यों और कैसे' यह दो ऐसे प्रश्न हैं जिनसे नया ज्ञान उपजता है… ज्ञान में वृद्धि होती है जो प्रगति के लिए अनिवार्य है। क्या आपने कभी सोचा कि यदि संसार के सभी लोग शाकाहारी हो जाएं तो इतना शाकाहारी भोजन आएगा कहां से? क्या आपने कभी सोचा कि तथाकथित फास्ट फूड्ज़ सेहत के लिए क्यों अच्छे नहीं?"

"सोचने की ज़रूरत ही नहीं" तिलकधारी जी ने उत्तर दिया "हर चीज़ में तुम्हारा यह तर्क नहीं चलता शर्मा जी। 'आग जलाती है' इसे मानने में ही भलाई है न कि अपना हाथ जला कर जांचने में। मैनें अपने अध्यापक की बात जांचने की आवश्यकता ही नहीं समझी थी।"

इतने में मेरा घर आ गया था। तिलकधारी जी का घर उसी गली में मेरे घर से तीसरा था। 'इस बात पर फिर कभी चर्चा करेंगे' कहते हुए वे अपने घर की ओर बढ़ गए थे।

कुछ ही दिन वाद फरवरी महीने में कोरोना के कारण देश में लॉकडाउन लग गया था। बाजार बन्द, गलियां सुनसान, गांव-शहर में सन्नाटा।… न सैर-सपाटा, न एक-दूसरे के घर आना जाना।… हमारा मिलना-जुलना लगभग बन्द ही हो गया था। हां, कभी कभार फ्रेश बेकरी शॉप पर या हरीहर सब्जी की दुकान पर मुलाकात हो जाती थी।

एक दिन सब्जी खरीदते हुए तिलकधारी जी से मुलाकात हो गई। मैनें उनसे पूछ लिया "आजकल समय कैसे कट रहा है?"

"बहुत बढ़िया" वे बोले थे "बेटी खुश्बू और नाती तितली फरवरी महीने से यहीं हैं हमारे पास। दामाद दिल्ली में है… अकेला। बच्चे होली की छुट्टियों में घर आए थे। फिर लॉकडाउन हो गया और… तितली सारा दिन मुझे उड़ाए फिरती है। समय का पता ही नहीं चलता। अपनी मां की तरह बहुत ज़िद्दी है, खासकर खाने को ले कर। दाल-चावल, रोटी-सब्ज़ी को तो वह छूती तक नहीं। उसे तो हर समय केवल जंक फूड ही चाहिए। मैं उसे समझाने की कोशिश करता हूं तो वह मुझे ही समझाने लग जाती है। एक दिन वह खीझ कर बोली 'नानू आपने कभी बर्गर खाया है?'

मैनें कहा 'नहीं।'

'पिज़्ज़ा खाया है?'

'नहीं'

'पास्ता खाया है?'

'नहीं'

इस तरह वह एक के बाद एक कई नाम लेती चली गई... मैगी, नूडल्ज़, चौमीन, हॉट डॉग, मोमो, सैंडविच, फ्रैंच फ्राइज़, केक, पेस्ट्री... और मैं 'नहीं, नहीं' कहता रहा। फिर वह बोली 'जब आपने यह चीज़ें खाई ही नहीं तो आपको इनके टेस्ट का क्या पता? नानू एक बार खा कर देखो, आप रोटी-चावल भूल जाओगे।'

फिर वे कुछ संजीदा हो गए थे।

"शर्मा जी, दोष तितली का नहीं आज के माहौल का है। बच्चे तो बच्चे हैं। वे तो वही सीखेंगे न जो मां-बाप उन्हें सिखाएंगे।... खुशबू तो भारतीय खाने की शौकीन थी। उसे पता नहीं क्या हो गया। लगता है दिल्ली रह कर वह भी पाश्चात्य रंग में रंग गई है।"

"मजबूरी भी तो हो सकती है... समय का अभाव" मैनें कहा "पति-पत्नी दोनों डेंटिस्ट हैं। दिन भर क्लीनिक में काम कर के थक जाते होंगे। फिर रात को घर आकर खाना कौन बनाए? सीधा ऑन लाइन खाना मंगवा लिया।"

"मैं नहीं मानता। घर में भोजन न बना पाना जंक फूड खाने का एक बहाना है।" तिलकधारी जी अंगद के पांव की तरह अपने मत पर अडिग थे। उनके लिए भारतीय शाकाहारी व्यंजन फास्ट फूडज़ से अच्छे हैं तो अच्छे हैं।

फिर एक दिन मैं दूध लेने के लिए फ्रैश बेकरी शॉप पर खड़ा था कि तिलकधारी जी भी वहां आ गए। वे कुछ उदास थे। पूछने पर उन्होंने

बताया कि खुश्बू और तितली दिल्ली लौट गए हैं।... बच्चे घर से क्या गए घर की सारी रौनक ही चली गई।... उस दिन के बाद तिलकधारी जी का बेकरी शॉप पर आना भी कम हो गया था।

किन्तु आज फ्रैश बेकरी शॉप पर तिलकधारी जी को पिज़्ज़ा और नूडल्ज़ खरीदते देख कर मेरा अचम्भित होना स्वाभाविक ही था। क्योंकि बच्चे तो घर में थे नहीं और तिलकधारी जी ऐसा खाना खाते नहीं। फिर यह पिज़्ज़ा और नूडल्ज़ किस लिए? इसलिए मैनें उन से पूछ ही लिया था "तिलकधारी जी यह क्या? आप भी...?"

"बताता हूं... सब बताता हूं।" फिर घर की ओर लौटते हुए तिलकधारी जी मुझे बताने लगे।

"आप पूछ रहे थे न कि यह पिज़्ज़ा और नूडल्ज़ किस लिए? यह मेरे और पत्नी सुगन्धा के लिए।"

"क्या?"

"हां... यह सब लॉकडाउन का कमाल है। न लॉकडाउन होता, न तितली इतना लम्बा हमारे पास रुकती और न यह अजूबा होता।... एक दिन तितली हठ कर बैठी कि वह मुझे पिज़्ज़ा खिला कर ही रहेगी। मैं मना कर रहा था और वह खिलाने पर आमादा थी। हम दोनों में तकरार देख कर सुगन्धा ने मुझसे कहा 'ऐसा भी क्या हठ हुआ। तितली तो बच्ची है। मान क्यों नहीं लेते उसकी बात? और फिर पिज़्ज़ा भी तो रोटी ही है... विशुद्ध शाकाहारी। यदि तितली का दिल रखने के लिए तुम थोड़ा सा पिज़्ज़ा खा लोगे तो कौन सी आफत आ जाएगी। हर समय अपने असूलों की दुहाई मत देते रहा करो।' फिर सुगन्धा ने मुझसे एक बहुत खूबसूरत बात कही थी जो मेरे दिल में उतर गई। उसने कहा 'जैसे इन्सानों में रंग-भेद करना पाप है, वैसे ही खाने में रंग-भेद करना भी

पाप है। सभी भोजन भगवान के प्रसाद हैं। शाकाहारी या मांसाहारी... समय और परिस्थिति के अनुसार सब सही हैं। हमें भोजन में भेद कर के भगवान का अपमान नहीं अपितु हर भोजन को सहर्ष स्वीकार कर के भगवान का धन्यवाद करना चाहिए। भोजन सदैव अच्छे मन और भाव से करना चाहिए।'

"सुगन्धा की इस बात ने मुझे सोचने पर मज़बूर कर दिया था।... मैं पिज़्ज़ा को ले कर इतना हठी क्यों था?... कह दिया नहीं खाना तो नहीं खाना, बस। क्या यह मेरा वहम था या अहम?... मैनें अपने आप को सही ठहराने के लिए मन ही मन कई तर्क सुझाए मगर मुझे एक भी तर्क तर्क-संगत नहीं लगा।... मैनें पिज़्ज़ा खा लिया। तितली खुश हो गई... सुगन्धा खुश हो गई... और मैं? सच पूछो तो मैं भी खुश था।... उसके बाद फास्ट फूडज़ का सिलसिला आरम्भ हो गया... पिज़्ज़ा से नूडल्ज़, नूडल्ज़ से पास्ता, पास्ता से बर्गर, बर्गर से... और यह सिलसिला धीरे-धीरे मुंह का ज़ायका बनता चला गया। मुझे उस दिन पता चला था कि सुगन्धा को भी फास्ट फूडज़ बहुत पसन्द थे मगर उसने मेरे कारण अपनी पसन्द न-पसन्द बना ली थी। मुझे आत्मग्लानी का ज़बरदस्त अहसास हुआ था।... शर्मा जी, सच पूछो तो तितली ने मुझे खाने का सलीका सिखा दिया। तब समझ में आया कि जो मन को भाय, वह अवश्य खाया जाए। सब कुछ खाओ, प्रेम से खाओ मगर संयम से खाओ। कोई भी व्यंजन बुरा नहीं।"

"यह हुई न बात" मैनें कहा "हम आज शाम को आपके घर डिनर पर आ रहे हैं। पिज़्ज़ा और नूडल्ज़ के साथ पास्ता भी मंगवा लेना।"

3

सुनहरे रंग की छतरी

च न्दन ने धीरे से दरवाज़ा खोला और चुपचाप आ कर सोफे पर बैठ गया। वह थक चुका था। बाजार में इतनी दौड़-भाग भी की और काम भी नहीं हुआ। रसोई में खड़ी उसकी पत्नी मालती ने दरवाजा खुलने की आवाज़ सुन ली थी। वह बाहर निकली। सोफे पर बैठे चन्दन को देख कर पूछा, "कहां चले गए थे?"

"बाज़ार"

"किस लिए?... मैनें तो सोचा था शायद तुम अपने मित्र राकेश भाटिया को आमन्त्रित करने गए हो।... आज सुबह ही शीतल से मेरी बात हो गई थी। वे दोनों शाम को पांच बजे यहां आ जाएंगे।"

"वे तो आएंगे ही। एक राकेश ही तो है जिसे हमारी शादी की वर्षगांठ का दिन कभी नहीं भूलता। मुझे याद नहीं कि वे कभी हमारी शादी की वर्षगांठ पर न आए हों।"

"सो तो है, मगर तुम बाज़ार किस लिए गए थे?... शाम के समारोह के लिए तो सब सामान है घर में। मैनें बताया तो था तुम्हें। बहुत कुछ तो चाहिए भी नहीं। हम चार लोग ही तो होंगे और चारों वरिष्ठ नागरिक।

तुम्हें तली हुई चीज़ों से परहेज़ है और राकेश भाई साहिब को मीठे से परहेज़।... केक फ्रेश बेकरी से आ ही जाएगा। उसका आर्डर तो तुमने पिछले ही कल बुक करवा दिया था। तुम्हारे पसन्दीदा दही भल्ले मैनें बना लिए हैं। कॉफी तभी बन जाएगी। चिप्स वगैरह चाहिए होंगे तो वे भी हैं। मिट्टी का दीया भी है।"

"और तुम्हारी सुनहरी छतरी?"

"आज खो दी मैनें" मालती एकाएक उदास हो गई "मेरे पापा की आखरी निशानी थी। बावन बर्ष का साथ आज अचानक छूट गया।" मालती की आंखों में सावन झलकने लगा।

चन्दन ने मालती को धीरे से खींच कर अपने पास सोफे पर बिठा लिया और बोला, "मैं वैसी ही छतरी लेने बाज़ार गया था। मगर…।"

मालती ने दोनों हाथों से अपना चेहरा ढक लिया। वह आंसुओं को रोकने का असफल प्रयास करने लगी। चन्दन मालती की मनःस्थिति भली-भांति समझ रहा था। उसकी आंखों में आंसू देख कर चन्दन का मन भी द्रवित हो उठा। उसे बावन बर्ष पहले का वह दिन याद हो आया जिस दिन कालेज में मालती से उसकी प्रथम मुलाकात हुई थी।

बूंदा-बांदी हो रही थी। तेज हवा चल रही थी। मालती तेज तेज कदमों से कालेज की तरफ जा रही थी। उसके एक हाथ में किताबें थीं और दूसरे हाथ में सुनहरे रंग की छतरी। तेज हवा में उसे छतरी सम्भालने में काफी मुश्किल हो रही थी। उसके पीछे आता हुआ चन्दन बड़ी तन्मयता से वह दृष्य देख रहा था। अचानक हवा का एक तेज झोंका आया और मालती के हाथ से छतरी छूट कर हवा में उड़ गई। मालती की चीख निकल गई। छतरी पकड़ने के लिए वह कुछ कदम भागी भी मगर वह उसे पकड़ नहीं

पाई। मालती की आंखों में आंसू उतर आए। चन्दन ने एक क्षण के लिए मालती की ओर देखा फिर पलट कर तेजी से उड़ती हुई छतरी के पीछे दौड़ पड़ा और कुछ ही पलों में छतरी को ले कर वापिस आ गया।

"आपकी छतरी" चन्दन मालती को छतरी देते हुए बोला "लगता है यह छतरी आपको बहुत प्रिय है।"

"हां, जान से भी अधिक। यह मेरे पापा की आखिरी निशानी है। इस कालेज में एडमिशन के समय उन्होंने मुझे खरीद कर दी थी।… कुछ ही दिन पश्चात उन्हें हर्ट अटैक हुआ और…" कहते-कहते मालती का गला रुंध गया।

"ओह, आई एम सॉरी।"

उसके बाद वे अक्सर मिलने लगे और अन्तत: दोनों प्रणय सूत्र में बन्ध गए। शादी के बाद मालती वह छतरी अपने साथ ही ले आई। वह उसे बहुत सम्भाल कर रखती थी। बारिश में तो उसे बिल्कुल नहीं निकालती थी। शादी की प्रथम वर्षगांठ पर चन्दन को पता नहीं क्या सूझी। वह मालती से बोला "मालती अपनी सुनहरी छतरी ले आओ।"

"क्यों?"

"तुम लाओ तो सही।"

मालती छतरी ले आई। चन्दन ने वह छतरी खोली और दोनों ने उस छतरी की छाया में केक काटा। मालती को बहुत अच्छा लगा था। मानों उसे पापा का सानिध्य मिल गया था। उस दिन के बाद अगले उनचास केक उन्होंने उसी सुनहरी छतरी की छाया में काटे थे। वह जब भी छतरी खोलती, उसे अपने पास पापा की उपस्थिति का आभास होता। उस दिन के बाद मालती ने सिवाए शादी की वर्षगांठ के उस छतरी को कभी भी

बाहर नहीं निकाला।... मगर आज सुबह उसे मजबूरन वह छतरी निकालनी पड़ी और वह सदा-सदा के लिए खो गई।

चन्दन बिना छतरी लिए ही प्रातः सैर के लिए निकल गया था। मालती ने उसे बहुत रोका था। 'सावन का महीना है और यहां की बारिश का कोई पता नहीं... कभी भी आ सकती है। बाहर छतरी लेकर ही निकलना चाहिए।' मगर चन्दन अपनी ही धुन में था।

"मालती तुम तो जानती हो कि छतरी ले कर चलना न तो मेरी आदत है और न ही शौक। वैसे भी बारिश में भीगना...।"

"तुम्हें बहुत अच्छा लगता है।" मालती ने चन्दन का वाक्य पूरा कर दिया था। "जानती हूं। लेकिन चन्दन पहले कुछ और बात थी और अब... अपनी उम्र का भी तो कुछ विचार करो। दो दिन पहले ही तो तुम बुखार से ठीक हुए हो।"

मगर चन्दन कहां मानने वाला था। फिर वही हुआ जिसका डर था। जब चन्दन घर से निकला तो मौसम साफ था। मौसम ने अचानक करवट बदली। आकाश में काले बादल छा गए। तेज हवा चलने लगी। देखते ही देखते मूसलाधार बारिश आरम्भ हो गई। सुबह पांच बजे का समय था। सड़क सुनसान थी और सड़क के किनारे बारिश से बचने के लिए भी कुछ नहीं था। भीगना तो था ही। इसलिए चन्दन मूसलाधार बारिश में भीगते हुए घर की ओर लौट पड़ा। वह भीगे कपड़ों में गुनगुनाते हुए बारिश का भरपूर आनन्द ले रहा था। तभी उसने देखा कि दूर सड़क पर कोई हाथ में छतरी पकड़े उसी की ओर आ रहा है। 'कोई सैर प्रेमी ही होगा' चन्दन ने सोचा। मगर पास आने पर जब उसकी नजर सुनहरे रंग की छतरी पर पड़ी तो उसके आश्चर्य का ठिकाना नहीं रहा।

"मालती तुम?... इतनी बारिश में कहां जा रही हो?"

"कहा था न कि छतरी ले कर सैर पर जाओ?" मालती शिकायत भरे लहज़े में बोली "बारिश का मौसम है। पता नहीं कब बारिश आ जाए। मगर तुम हो कि...। अब भीग गए न। दो दिन पहले ही तुम्हें बुखार था।... तुम्हें अपनी सेहत की चिन्ता नहीं, मुझे तो तुम्हारी चिन्ता है।"

मालती के शब्दों में अपनत्व का बेहद दर्द छिपा था जिसने चन्दन के दिल को अन्दर तक झझकोर दिया। वह कहना चाहता था 'और तुम जो घुटने की दर्द में भी छाता ले कर मूसलाधार बारिश में मुझे ढूंढने निकली हो?' लेकिन वह कह नहीं पाया। उसके दिल में मालती के प्रति प्यार उमड़ पड़ा। उसका मन हुआ कि वह मालती को अपनी बाहों में भर कर बारिश में नाचे... गाए... तेज हवाओं संग आकाश में उड़ान भरे। परन्तु अपनी भावनाओं पर संयम रखते हुए उसने बात बदलने की कोशिश की।

"आज तुम कौन सी छतरी ले कर आई हो?... दूसरी छतरी कहां है?"

"शीतल के पास है। परसों आई थी मुझसे मिलने। अचानक बारिश होने लगी तो मैनें उसे दे दी। अभी उसी के पास पड़ी है। इसलिए आज मुझे मजबूरन शादी के वाद पहली वार तुम्हारी खातिर यह सुनहरी छतरी ले कर आना पड़ा।... तुम छतरी के नीचे आ जाओ। भीग रहे हो।"

"मालती मैं तो भीग ही गया हूं। छतरी तुम ही पकड़े रखो नहीं तो तुम भी भीग जाओगी।"

"कम से कम सिर तो बचा रहेगा" मालती बोली "जानते हो न कि ठण्ड तुम्हें कितना जल्दी पकड़ती है? जल्दी से छतरी के नीचे आ जाओ।" यह कहते हुए मालती ने छतरी थोड़ी सी ऊपर उठा दी।

तभी हवा का एक बहुत तेज झोंका आया और मालती के हाथों से छतरी छूट गई। मालती के गले से चीख निकल गई, ठीक वैसे ही जैसे बावन बर्ष पहले कालेज में छतरी के उड़ने के समय निकली थी। तब तो चन्दन ने भाग कर उड़ती हुई छतरी को पकड़ लिया था मगर इस बार उसकी कोशिश भी नाकाम रही। देखते ही देखते हवा में उड़ती हुई उनकी सुनहरी छतरी बारिश की बूंदों के समुद्र में गायब हो गई। बावन बर्षों का उसका साथ आज सदा-सदा के लिए छूट गया। मालती उदास थी। चन्दन विवश था। मालती चन्दन के कन्धे पर सिर रख कर फफक कर रो पड़ी। चन्दन उसे दिलासा देता रहा। बारिश और तेज हो गई।

सोफे पर बैठी मालती ने अभी तक अपना चेहरा हाथों से ढक रखा था। चन्दन ने धीरे से मालती के चेहरे पर से उसकी हथेलियां हटाईं और बोला, "दिल छोटा नहीं करते मालती। अपनी आंखें पोंछ लो। मिलना और बिछड़ना, खोना और पाना तो जिन्दगी में चलता ही रहता है। इन से जिन्दगी नहीं रुकती। जरा सोचो, बचपन से आज तक हमने क्या-क्या खोया और क्या-क्या पाया... किस-किस से मिले और किस-किस से बिछड़े। तुम्हें हमारी शादी की पहली वर्षगांठ याद है? कितने लोग थे यहां? यह हॉल कैसे खचाखच भरा हुआ था? तुम्हारी ममी थी, भैया-भाभी थे, मेरे पापा-ममी थे, बड़ी दीदी थी, दोस्त-मित्र थे। दूसरी वर्षगांठ पर सुगन्धा और महक दो जुड़वां बेटियां हमारी जिन्दगी से जुड़ गईं। समय बीतता रहा। लोग जुड़ते और बिछड़ते रहे। पापा-ममी नहीं रहे। बेटियां अपने-अपने घरों को चली गईं। रिश्ते-नाते और दोस्त-मित्र दूर होते चले गए। और आज इस घर में हम केवल दो लोग हैं। आज हमारी शादी की पच्चासवीं वर्षगांठ है और इस अवसर पर हम केवल चार लोग होंगे। दीया जलेगा, केक कटेगा और जिन्दगी अपनी स्थिर गति से एक कदम और आगे बढ़ जाएगी।... यही जिन्दगी है मालती।... परिवर्तन तो

प्रकृति का नियम है। हमें परिवर्तन को सहर्ष स्वीकारना है। किसी भी चीज से अत्याधिक लगाव उचित नहीं। इसलिए अपनी छतरी खोने का शोक मत करो, बल्कि वह जितने समय तक हमारे साथ रही उसको याद कर उसका आनन्द उठाओ।"

यह कह कर चन्दन चुप हो गया। मालती ने अपने आंसू पोंछे और बोली, "चन्दन तुम ठीक कह रहे हो मगर इस दिल का क्या करें। वर्षों का साथ और उससे जुड़ी यादें पीड़ा तो देती ही हैं न।"

"वह भी सही है मालती मगर..." चन्दन ने बात अधूरी छोड़ दी। मालती की पीड़ा उससे छुपी नहीं थी। पीड़ा तो उसके अपने दिल में भी थी।

मालती उठ कर रसोई में चली गई। चन्दन सोफे पर खामोश बैठा मन ही मन मालती की मनःस्थिति का विश्लेषण करने लगा।

शाम को पौने पांच बजे केक आ गया। ठीक पांच बजे राकेश और शीतल भी आ गए। शीतल के हाथ में हर बार की तरह इस बार भी चन्दन और मालती के लिए लाल रंग के पेपर में लिपटा हुआ एक उपहार था। उपहार मालती के हाथ में देते हुए शीतल और राकेश ने चन्दन और मालती को उनकी शादी की पच्चासवीं वर्षगांठ की बधाई दी।

"चन्दन भाई और मालती भाभी, आप दोनों को शादी की पच्चासवीं वर्षगांठ की बहुत-बहुत बधाई। भगवान आप दोनों को स्वस्थ रखे, उम्र-दराज़ करे और आपके जीवन में खुशियों का अंबार लगाए रखे।"

मालती ने पैकेट मेज पर रखा और केक काटने की तैयारी करने लगी। चन्दन और मालती ने घी का दीया जलाया, भगवान को नमस्कार किया

और केक काटने लगे। तभी राकेश बोल पड़ा, "रुकिए... रुकिए... भाभी जी आज आप कुछ भूल नहीं रहीं?"

"क्या भाई साहिब?"

"आपकी सुनहरी छतरी।"

"ओह!..." मालती ने चन्दन की ओर देखा। चन्दन ने संक्षेप में उनको उसी सुबह छतरी के खो जाने की बात बताई। मालती बोली, "आज छतरी का साथ सदा-सदा के लिए छूट गया भाई साहिब। आज के वाद शादी की वर्षगांठ का हर केक बिना छतरी के ही कटा करेगा।"

"ऐसा कैसे हो सकता है भाभी जी। सुनहरी छतरी और आपका साथ तो आपके और चन्दन के साथ की तरह चिरंजीवी है। आप लोगों के प्रेम की तरह अमर है। यह साथ तो कभी छूट ही नहीं सकता। हवा का झोंका तो क्या तुफान भी इस यथार्थ को झुठला नहीं सकता।"

"काश ऐसा ही होता" मालती ने दीर्घ निःश्वास छोड़ते हुए कहा।

"ऐसा ही है भाभी जी। आप मायूस क्यों हो रही हैं। आज खुशी का अवसर है। आज आपके चेहरे पर उदासी अच्छी नहीं लगती... खुशी झलकनी चाहिए। अपने चेहरे से उदासी पोंछिए और गिफ्ट पैक खोलिए।"

मालती ने आश्चर्य से राकेश और शीतल की ओर देखा। दोनों के चेहरों पर एक रहस्यमयी मुस्कान थी। मालती ने तुरन्त गिफ्ट पैक खोल डाला। चन्दन की नज़रें भी उस उपहार पर टिकी थीं। पैकेट खुलते ही मालती उछल पड़ी। उसे अपनी आंखों पर विश्वास ही नहीं हो रहा था। यही हालत चन्दन की भी थी। मालती के हाथों में एक सुनहरे रंग की छतरी थी... उसकी अपनी छतरी... उसके पापा की निशानी।

"ओह माई गॉड... यह...यह... विश्वास नहीं हो रहा। यह आपको कहां मिली?"

राकेश ने उसे बताया कि आज प्रातः जब वह सैर से वापिस आ रहा था तो अचानक मौसम खराब हो गया। तेज हवा चलने लगी। मूसलाधार बारिश होने लगी। तभी उसने एक सुनहरी छतरी को हवा में उड़ते हुए देखा जो उसी की ओर आ रही थी। उसने लपक कर उस छतरी को पकड़ लिया और तुरन्त पहचान भी लिया कि छतरी किसकी है। परन्तु उसे आश्चर्य हो रहा था कि वह छतरी वहां पहुंची कैसे।

छतरी वापिस पा कर मालती सातवें आसमान पर थी। वह इतनी खुश थी कि उसे राकेश का धन्यवाद करने के लिए उचित शब्द नहीं मिल रहे थे।

"आप धन्यवाद छोड़िए। तुरन्त छतरी खोलिए और केक काटिए। मुंह में पानी आ रहा है।"

चन्दन मालती के हाथ से छतरी ले कर जैसे ही खोलने का प्रयास करने लगा मालती ने हाथ बढ़ा कर उसे ऐसा करने से मना कर दिया और उसके हाथ से छतरी ले ली। कुछ क्षणों तक वह छतरी को निहारती रही। फिर चन्दन से वोली, "चन्दन आज से हम बिना छतरी के ही केक काटा करेंगे। आज की घटना ने मुझे ज़िन्दगी का सही मतलव समझा दिया है। आज मुझे समझ में आया है कि जो आज है वही सच है। यादें हैं मगर वे 'आज' नहीं हो सकतीं। इन्सान को भावनाओं में बह कर यर्थाथ को झुठलाने की चेष्टा नहीं करनी चाहिए। पल भर के लिए मेरी छतरी मुझसे जुदा क्या हुई मेरा 'आज' पीड़ा से भर गया। मुझे यह अहसारा ही नहीं हुआ कि आज यदि मेरी छतरी मेरे पास नहीं भी है तो भी मेरे पापा का आशीर्वाद तो मेरे साथ है। इस छतरी के पाने या खोने से यह हकीकत

बदल नहीं जाएगी। हकीकत अब मेरी समझ में चुकी है। मैं भावनाओं में बह कर व्यर्थ में अपनी पीड़ा को दोहराना नहीं चाहती।'' फिर चन्दन की आंखों में झांकते हुए वोली, ''चन्दन इस मार्गदर्शन के लिए...''

तभी हर्षातिरेक चन्दन धीरे-धीरे ताली बजाने लगा। मालती चुप हो गई। राकेश और शीतल भी मालती की भावनाओं को बाखूबी समझ रहे थे।

मालती ने अपने माथे से छतरी को छुआ और उसे मेज पर रख दिया। फिर मालती और चन्दन मिल कर एक नए उत्साह और विश्वास के साथ केक काटने लगे। घी का दीया जल रहा था। राकेश और शीतल 'तुम जीओ हजारों साल...' गुनगुनाते हुए तालियां बजा रहे थे।

4

बकरवाल

ज ब वे भदरवाह पहुंचे शाम के छः बीस हो रहे थे। कार से बाहर कदम रखते ही द्रोण के मुंह से निकला, "वाओ... क्या नज़ारा है।"

स्वाति की भी यही प्रतिक्रिया थी। कार से नीचे उतरते ही वह भी वहां का नज़ारा देख कर मन्त्रमुग्ध हो गई। चारों तरफ बर्फ की सफेद चादर बिछी हुई थी। तापमान शून्य डिग्री था। मन्द-मन्द हवा सरसरा रही थी।

"कहा था न कि भदरवाह मिनि पहलगांव है" स्वाति ने पुलकित होते हुए कहा।

"सच में... पहलगांव से भी कहीं बढ़कर" द्रोण ने हामी भरी।

इसी बर्ष तीन माह पहले सितम्बर में द्रोण व स्वाति प्रणय सूत्र में बन्धे थे। दोनो की मुलाकात एम टेक करते हुए आईआई टी दिल्ली में हुई थी। द्रोण कालेज में स्वाति से दो बर्ष आगे था।

द्रोण दिल्ली से था। स्वाति कश्मीरी पण्डित थी। स्वाति के माता-पिता लगभग पन्द्रह बर्ष पहले कश्मीर में दंगों की बजह से दिल्ली आ कर बस गए थे।

एम टेक करते ही द्रोण को कैंपस प्लेसमेंट के अन्तर्गत मुम्बई में एक निजी कम्पनी में नौकरी मिल गई थी। स्वाति दिल्ली में ही एक निजी कम्पनी में काम कर रही थी। शादी के बाद स्वाति के लिए भी मुम्बई में नौकरी की तलाश हो रही थी। लेकिन स्वाति का मन मुम्बई नहीं विदेश जाने का था। उसकी सोच थी कि किसी विकसित देश में काम करने से अच्छा तजुर्बा भी होता है, शौहरत भी मिलती है और पैसा भी होता है। किन्तु द्रोण, हालांकि इस मामले में हार्ड-कोर तो नहीं था, फिर भी अपने ही देश में रह कर काम करना चाहता था। उसकी सोच थी कि काम करने वालों के लिए अपने देश में भी वह सब कुछ उपलब्ध है जो किसी विकसित देश में मिल सकता है। किन्तु, क्योंकि वह हार्ड-कोर नहीं था, पत्नी हठ के सामने उसकी सोच बदलने लगी थी।... ठीक है, कुछ समय तक कनाडा या अमरीका में नौकरी की जा सकती है। तद्पश्चात अपने देश वापिस लौट आएंगे, हालांकि वह जानता था कि विदेश में नौकरी छोड़ कर वापिस भारत आने का फैसला इतना आसान नहीं होगा। स्वाति भी जानती थी कि एक बार वे विदेश में रहने लगे तो द्रोण के लिए स्वदेश लौटना मुश्किल हो जाएगा, और यही वह चाहती थी।

द्रोण के एक मित्र ने बताया कि कनाडा जाने का सबसे आसान तरीका है वहां के स्थाई आप्रवासन के लिए आवेदन देना। हो सकता है एक दो बर्ष लग जाएं मगर काम होगा अवश्य। एक बार कनाडा चले गए फिर जब तक चाहा वहां रहे, उसके बाद भारत वापिस लौट आए।

द्रोण को अपने मित्र का यह सुझाव अच्छा लगा था। अतः उसने कनाडा के स्थाई आप्रवासन के लिए आवेदन पत्र भरने की हामी भर ली थी। स्वाति, द्रोण के इस निर्णय पर बहुत खुश थी। द्रोण ने जब अपने माता-पिता से इस सम्बन्ध में बात की तो मां बोली थी, "क्या करोगे

विदेश जा कर? सब कुछ तो है यहां। किसी चीज़ की कमी तो है नहीं। तुम्हारी अच्छी खासी नौकरी लगी हुई है। स्वाति को भी मुम्बई में नौकरी मिल जाएगी।... दोनो यहीं रहो न... हमारे साथ... अपने देश में।"

पापा बोले थे, "देखो बेटा, यह फैसला तुम्हें स्वयं लेना है। तुम्हारी अपनी ज़िन्दगी है... अपना कैरियर है। हम तुम्हारे फैसले में नहीं आना चाहते। किन्तु फिर भी सोच लो।... वैसे काम करने वालों के लिए भारत में भी कोई कमी नहीं।"

मां स्पष्टतयः चाहती थी कि वे विदेश न जाएं। किन्तु पापा की बातों से लग रहा था कि वे दुविधा में हैं। एक तरफ बेटे का भविष्य था तो दूसरी तरफ उससे दूर होने का दुख। पापा को अहसास था कि एक बार जो विदेश गया वह वहीं का हो कर रह गया। उनके सामने बीसियों उदाहरण थे।... बच्चे विदेश में और माता-पिता देश में... अकेले... भाग्य के भरोसे... मुश्किल समय में उनकी सुध लेने वाला कोई नहीं या फिर पड़ोसियों के सहारे। ऐसे कई लोगों को नारकीय ज़िन्दगी जीते हुए देखा है उन्होंने। लेकिन सब कुछ जानते हुए भी वे द्रोण के निर्णय के आड़े नहीं आना चाहते थे।

द्रोण भी दुविधा में फंस गया था। एक तरफ स्वाति का हठ और दूसरी तरफ माता-पिता का साथ। उसने इस फैसले को कुछ दिन के लिए टाल देना चाहा। बहाना भी था। दरअसल शादी के तुरन्त बाद द्रोण की अत्याधिक व्यस्तता के कारण उन्हें हनीमून पर जाने का समय नहीं मिला था। इसलिए दोनों ने दिसम्बर में क्रिसमस की छुट्टियों में घूमने का कार्यक्रम बनाया था। द्रोण ने स्वाति से कहा कि हनीमून से वापिस लौटने के बाद वह कनाडा के लिए आवेदन पत्र भर देगा। स्वाति द्रोण के इस फैसले से सन्तुष्ट थी।

स्वाति ने सुझाव रखा कि हनीमून के लिए वे जम्मू संभाग के भदरवाह, जिला डोडा, जाएंगे। स्वाति भले ही श्रीनगर से थी परन्तु उसे भदरवाह देखने का अवसर कभी नहीं मिला था। उसने सुन रखा था कि भदरवाह की घाटी पहलगांव की तरह सुन्दर है।

पच्चीस दिसम्बर को वे भदरवाह आ पहुंचे। जे के टूरिज़्म के होटल में कदम रखते ही द्रोण को स्वाति की बात अक्षरशः सच लगी। घाटी सचमुच खूबसूरत थी।

जे के टूरिज़्म का होटल पहाड़ की गोद में ढलानदार परिदृश्य में दो ब्लाक्स में बना हुआ था। सामने एक विशाल लॉन था। लॉन के पीछे जुड़ता हुआ बोटैनिकल गार्डन था। बोटैनिकल गार्डन के ऊपरी छोर पर एक खूबसूरत गॉज़ीबो बना हुआ था जिसमें खड़े हो कर पूरे गार्डन व लॉन का दृष्य देखा जा सकता था। होटल क्षेत्र के चारों ओर ईंटों की पक्की दीवार थी। दीवार के साथ-साथ अन्दर की ओर बिजली के खम्बे खड़े थे। होटल में आने के लिए दक्षिण-पश्चिम दिशा में एक पन्द्रह फुट चौड़ा गेट था। दूसरा गेट, जो छोटा था... लगभग तीन फुट चौड़ा... गॉज़ीबो के पास की दीवार में था जो बाहर तारकोल वाली पक्की सड़क पर खुलता था।

होटल का कमरा अपेक्षाकृत बड़ा था। कमरे में कम वोल्टेज के कारण दो बिजली के हीटर जुगनुओं की तरह टिमटिमा रहे थे। ठण्ड गज़ब की थी। सात बजे के लगभग तापमान शून्य डिग्री तक लुड़क गया। इसलिए स्वाति के अनुरोध पर कमरे में एक गैस का हीटर भी जला दिया गया।

बिस्तर में इलैक्ट्रिक कम्बल बिछा हुआ था। ओढ़ने के लिए दो डबल-बेड के कम्बल थे। स्वाति और द्रोण दोनो ने अपने आप को गर्म कपड़ों में पूरी तरह से लपेट रखा था... सिर पर ऊनी टोपी, गले में मफलर, शरीर पर स्वेटर व मोटी जैकेट व पांवों में ऊनी जुराबें। फिर भी ठण्ड हड्डियों में सूईयों की तरह चुभ रही थी।

उन्होंने आठ बजे ही डिनर कर लिया और बिस्तर में घुस गए। कुछ देर तक वे बतिआते रहे। स्वाति द्रोण को भदरवाह व उसके आसपास के पर्यटक स्थलों के सम्बन्ध में बताती रही। फिर नौ बजे के आसपास वह सो गई।

रात ग्यारह बजे सोने वाले द्रोण को नींद नहीं आ रही थी। उसने अपने मोवाइल फोन पर समय देखा। रात के नौ बज कर बीस मिनट हो रहे थे और तापमान शून्य से एक डिग्री नीचे लुड़क गया था। इतना कम तापमान उसने केवल सुना था, अनुभव कभी नहीं किया था। आज अवसर था। उत्सुकतावश वह धीरे से बिस्तर से नीचे उतरा और खिड़की के पास चला गया। उसने खिड़की पर टंगा पर्दा हटा कर देखा। बाहर का दृष्य उसे किसी जादूनगरी की तरह लगा। उसका मन बाहर घूमने को लालायित हो उठा। स्वाति गहरी नींद सो रही थी। वह चुपचाप दरवाज़ा खोल कर बाहर लॉन में निकल गया।

चारों तरफ सन्नाटा था। न आदम न आदम जाता। न किसी कीट पतंगे की आवाज़। एक असीम व अन्तहीन खामोशी। दीवार के पास खम्बों पर ट्यूव लाईटस जगमगा रहीं थीं। आसमान बिल्कुल साफ था। नीले आसमान में गोल-मटोल चन्दा मुस्करा रहा था। पूर्व दिशा में बर्फ रो ढके हुए पर्वत शिखर चांद की रोशनी में चमचमा रहे थे। पर्वत की ढलान में देवदार तरू तन पर बर्फ ओढ़े प्रहरियों की तरह निश्चल व कतारबद्ध मौन

खड़े थे। चारों तरफ चांद की रोशनी में नहाई हुई बर्फ की श्वेत चादर चांदी की तरह चमचमा रही थी। प्रकृति की ऐसी अद्भुत छटा का आत्मसात द्रोण पहली बार कर रहा था। उस नैसर्गिक सौन्दर्य का आनन्द लेते हुए बोटैनिकल गार्डन में टहलता हुआ द्रोण धीरे-धीरे गॉज़ीबो की ओर बढ़ने लगा।

ठण्ड गज़ब की थी। द्रोण ने मफलर को अपने गले और मुंह पर और कस कर लपेट लिया। हाथ जैकेट की जेब में डाल लिए। अब सिवाए आंख और नाक के सब कुछ ढका हुआ था।

अचानक गॉज़ीबो में उसे एक धुंधली-सी परछाई का अहसास हुआ। वह हैरान था कि इतनी ठण्ड में वहां कौन हो सकता है। उसका भ्रम भी हो सकता था। उत्सुकतावश वह गॉज़ीबो के पास चला गया। गॉज़ीबो में सचमुच कोई था। वह और आगे बढ़ा। उसने बैंच पर एक पुराने से कम्बल में लिपटा हुआ एक शख्स बैठा देखा। उस ने जोर से गला खंखारा। मगर कम्बल में कोई हलचल नहीं हुई। शंकित मन से द्रोण कुछ कदम और आगे बढ़ा और बोला, "कौन?"

द्रोण के इस प्रश्न पर कम्बल हिला। उसमें से एक बूढ़ा-सा चेहरा बाहर निकला। चेहरे पर बिना मूंछ के लम्बी, खिचड़ी पकी दाढ़ी थी। सिर पर मैली सी गोल सफेद टोपी थी। द्रोण की तरफ देखते हुए उसने क्षीण स्वर में कहा, "जनाब मैं हूं... अब्दुल... अब्दुल फज़ल... कुछ साल पहले मैं यहां, इसी दफ्तर में, मुलाज़िम था।"

"इतनी ठण्ड में यहां क्या कर रहे हो?" द्रोण ने हैरानी से पूछा।

"जनाब बीमार हूं।... बुखार है।... मैं दवाई लेने भदरवाह आया था। मगर आते-आते देर हो गई। थक भी गया था। सोचा कुछ देर यहां बैठ कर आराम कर लूं।... थोड़ी देर में चला जाऊंगा यहां से।"

"नहीं, तुम यहीं बैठो। मैं तुम्हें जाने के लिए नहीं कह रहा।"

द्रोण उसके पास आया। उसने अब्दुल के माथे पर हाथ रख कर देखा। इतनी ठण्ड में भी उसका माथा आग की तरह तप रहा था।

"तुम्हें तो तेज़ बुखार है। इतनी ठण्ड और ऊपर से रात का समय। अकेले घूम रहे हो? किसी को साथ ले आते?"

"अकेला हूं जनाब... किसे साथ लाता।"

"क्यों, तुम्हारे घर में और कोई नहीं?"

"कभी थे, मगर आज कोई नहीं।"

एकाएक अब्दुल की नजरें दूर कहीं क्षितिज में जा कर चिपक गईं। शायद वह अपने भोगे हुए अतीत के पलों को समय के आगोश में ढूंढने की कोशिश करने लगा था।

"मेरे परिवार में पांच लोग थे जनाब... मैं, मेरी वीवी, दो लड़कियां और एक लड़का... शकीला।... मगर अब मैं बिल्कुल अकेला हूं।"

शब्द उसके होठों से सैलाब बन कर फूट पड़े थे। मानो बरसों से रुका हुआ पानी बांध तोड़ कर बहने लगा था। आवाज़ में दर्द था मगर आंखों में नमीं नहीं थी। शायद तिल-तिल जल कर उसके आंसूओं ने ही उसे अब तक जिन्दा रखा था। अब तो आंसू भी सूख चुके थे। द्रोण, अब्दुल के पास ही बैंच पर बैठ गया।

"मैं बकरवाल हूं जनाब" अब्दुल कहने लगा, "भेड़-बकरियां पाल कर हम लोग गुजारा करते हैं। बहुत मुश्किल है हमारी जिन्दगी। खानाबदोशों की तरह कभी यहां तो कभी वहां। गर्मी शुरू होते ही हम लोग अपनी भेड़-बकरियों के साथ पहाड़ों में चले जाते हैं और सर्दी शुरू होते ही हम पहाड़ों से नीचे उतरना शुरू कर देते हैं। बस यूं ही ऊबड़-खाबड़ रास्तों पर चढ़ते-ऊतरते हमारी तमाम ज़िन्दगी कट जाती है। इसी को अपना नसीब मान कर हम लोग सब कुछ चुपचाप सहते रहते हैं।"

"एक जगह टिक कर क्यों नहीं रहते?"

"भेड़-बकरियों के साथ एक जगह टिक कर रहना मुमकिन नहीं जनाब। इतनी जमीन भी नहीं हमारे पास। चारे की मुश्किल हो जाती है… सर्दियों में पहाड़ों में और गर्मियों में मैदानों में।"

"और राह चलते यदि कोई बिमार बगैरह हो जाए तो?"

"सरकार ने कुछ सुविधा दे रखी है" अब्दुल ने बताया, "हमारे साथ चलती-फिरती डिस्पेंसरी होती है, डॉक्टर होते हैं, बच्चों की पढ़ाई के लिए चलते-फिरते स्कूल होते हैं। और भी कई रियायतें दे रखी हैं सरकार ने… मगर फिर भी हर वक्त दौड़ते-भागते रहना…।"

अब्दुल कहते-कहते हांफने लगा था। शायद बुखार और कमजोरी की वजह से उसे बोलने में मुश्किल हो रही थी। लेकिन द्रोण की अब्दुल में दिलचस्पी बढ़ गई थी। वह उसे सुनना चाहता था… उसके बारे में जानना चाहता था। इसलिए द्रोण ने बात को आगे बढ़ाने की कोशिश की।

"तुम अपने परिवार के बारे में बता रहे थे?"

अब्दुल ने कुछ पल खामोश रह कर पुनः कहना आरम्भ किया।

"हमारी बहुत मज़े में गुजर-बसर हो रही थी। लड़कियों की शादी हो गई। वे अपने-अपने डेरे (परिवार) में चली गई। शकील बेटा सबसे छोटा था। मैं नहीं चाहता था कि वह भी मेरी तरह भेड़-बकरियां पाले और अपनी जिन्दगी ढोता फिरे। मैं चाहता था कि वह पढ़े, कोई सरकारी नौकरी करे और एक जगह रह कर आराम से अपनी जिन्दगी बसर करे।... बुढ़ापे में हमें भी सहारा चाहिए था।"

"फिर?" द्रोण ने पूछा।

"शकील पढ़ाई में बहुत होशियार था। पहले दो... नहीं तीन साल तक... वह हमारे साथ ही आता-जाता रहा और उसने चलते-फिरते स्कूल से ही पढ़ाई की। चौथी और पांचवी की पढ़ाई के लिए वह अपने गांव के स्कूल में जाने लगा। उन दिनो भेड़-बकरियों को ले कर मैं ही अकेला पहाड़ों में जाता था। उसकी अम्मी गांव में ही बेटे के साथ रहती थी। पांचवीं के बाद वह यहां भदरवाह में दाखिल हो गया। यहां से उसने बारहवीं जमात तक की पढ़ाई की। मेरी उम्र भी बढ़ रही थी। अब मेरा भी भेड़-बकरियों

के साथ पहाड़ों में घूमना कम हो गया था। आहिस्ता-आहिस्ता हमने भेड़-बकरियां रखना बहुत कम दीं। घर में रह कर हम भैंसों का दूध बेच कर गुजारा करने लगे। थोड़ी बहुत खेती भी कर लेते थे।... पहाड़ों की खेती जनाब!... खाने के लिए थोड़ा बहुत अनाज निकल आता था।"

"बाहरवीं के बाद शकील की पढ़ाई का क्या हुआ?"

"बाहरवीं जमात में उसने बहुत अच्छे नम्बर लिए। उसके उस्ताद उसके नम्बरों से बहुत खुश थे। हम भी खुश थे। उन्होंने उसे आगे पढ़ाई के

लिए जम्मू भेज दिया। मैंनें भी मना नहीं किया। वहां उसे बजीफा मिल गया था। फिर जम्मू से दिल्ली और दिल्ली से वह अमरीका चला गया। यह सब उसकी अपनी मेहनत व उसके उस्ताद की मदद का ही नतीजा था। मैं बहुत खुश था। हमारे इलाके के लोग भी खुश थे क्योंकि हमारे इलाके से शायद वह पहला बच्चा था जो पढ़ाई के लिए अमरीका गया था। लेकिन शकील की अम्मी खुश नहीं थी। वह उसे इतनी दूर नहीं भेजना चाहती थी। मैंनें उसे समझाया था कि पढ़ाई के बाद वह हिन्दुस्तान लौट आएगा और एक अच्छी नौकरी हासिल करेगा। शकील ने भी अमरीका जाते वक्त अपनी अम्मी से वायदा किया था कि वह अमरीका में दो साल तक पढ़ाई करेगा, फिर अपने देश हिन्दुस्तान वापिस लौट आएगा।'' यह कह कर अब्दुल चुप हो गया।

उसे चुप होते देख कर द्रोण ने पुनः बात छेड़ी, ''फिर क्या हुआ?''

''हमने दो साल तक इन्तज़ार किया। किन्तु उसी दौरान उसका खत आया कि उसे वहीं पर एक बहुत अच्छी नौकरी मिल गई है। तनख्वाह बहुत अच्छी है। यह जान कर मैं तो खुश हुआ था मगर उसकी अम्मी गुमसुम हो गई थी। उसने शकील को खत लिखवाया था कि वह जल्दी घर लौट आए। मगर शकील घर नहीं लौटा। उसने वहीं एक अपनी बिरादरी की हिन्दुस्तानी लड़की से शादी कर ली जो उसी के साथ नौकरी करती थी। उसके मां बाप भी अमरीका में ही थे।... मेरा बेटा घर वापिस नहीं आया।... हम अकेले हो गए।'' कहते-कहते अब्दुल की आवाज़ उसके गले में रुंधने लगी।

कुछ पल खामोश रह कर अब्दुल ने फिर कहना आरम्भ किया, ''दो साल पहले उसकी अम्मी अल्ला को प्यारी हो गई।... भैंस चराते हुए

एक पहाड़ी से उसका पैर फिसला और वह एक गहरी खाई में जा गिरी थी।... मैं बिल्कुल अकेला हो गया जनाब।"

यह कह कर अब्दुल पुनः खामोश हो गया। द्रोण भी उसकी कहानी सुन कर गम्भीर हो गया था।

"अपनी अम्मी के देहान्त पर तो शकील अपनी पत्नि के साथ घर आया होगा? उसे रोक लेते?" द्रोण ने पूछा।

"हां... आया था, मगर अकेला। उसकी घरवाली काम की बजह से उसके साथ नहीं आ पाई थी... ऐसा शकील ने मुझे बताया था। तब मैनें शकील से फिर बहुत ताकीद की थी कि वह हिन्दुस्तान वापिस लौट आए। यहां आ कर नौकरी कर ले। लेकिन वह बोला था कि यहां नौकरी इतनी आसानी से नहीं मिलती। फिर उसकी घरवाली भी है। एक बच्चा भी है। उनके लिए हिन्दुस्तान में रहना मुश्किल हो जाएगा। अलबत्ता उसने मुझी से उसके साथ अमरीका चलने के लिए कहा।... लेकिन यह कैसे मुमकिन हो सकता था जनाब? मेरे जैसा अनपढ़ वहां जा कर कैसे रह पाता?... मेरा नसीब तो मेरे अपने घर, मेरी बस्ती, मेरे लोगों से जुड़ा था। मगर यह बात वह नहीं समझ सका था और न ही मैं उसे समझा पाया था।... हफ्ता-दस दिन मेरे साथ रहने के बाद वह अमरीका लौट गया। मैनें उसे जाने से नहीं रोका। उसने अपनी ज़िन्दगी चुन ली थी। उसके बाद वह फिर कभी मुझसे मिलने नहीं आया।... बार-बार यहां आना मुश्किल भी तो है। सुना है बहुत किराया लगता है।... वह मुझे हर महीने पैसे भेजता है। मेरा गुज़ारा हो रहा है।... मगर पैसा ही तो सब कुछ नहीं होता न।... अकेला जीवन दोजख है जनाब।"

यह कह कर अब्दुल फिर चुप हो गया। द्रोण अब्दुल के दर्द को बाखूबी समझ रहा था। अब्दुल को चुप होते देख कर द्रोण उठा और अब्दुल से बोला, "इतनी ठण्ड में अब कहां जाओगे? चलो मेरे साथ। मैं होटल वाले से बात करता हूं। कमरा मिल जाएगा। रात यहीं काट लो। फिर तुमने तो यहां नौकरी भी की है। होटल के लोग तुम्हें पहचानते होंगे।"

"नहीं जनाब, मैं जाऊंगा। आगे बाज़ार में, मस्जिद के सामने, एक ढाबा है... ज़ायका ढाबा। मैं ढाबे वाले को जानता हूं। वह हमारे ही गांव से है। आज की रात मैं उसके पास रुक जाऊंगा। मैं पहले भी कई बार उसके पास रुका हूं।"

"फिर भी सोच लो" द्रोण ने कहा "ठण्ड बहुत है।"

"नहीं, मुझे कुछ नहीं होगा। मैं चला जाऊंगा।"

"जैसी तुम्हारी इच्छा। फिर भी तुम कुछ देर रुको। मैं कमरे से चाय लेकर आता हूं। चाय पी कर शरीर में गर्मी आ जाएगी। चाय पी कर चले जाना।"

फिर द्रोण बिना अब्दुल की प्रतिक्रिया जाने तेज-तेज कदमों से चाय लेने के लिए अपने कमरे की ओर चला आया।

रात के साढ़े दस हो चुके थे। स्वाति गहरी नींद सोई हुई थी। द्रोण ने बिना आवाज़ किए गर्म पानी से भरी हुई थर्मस उठाई और उसी में चाय के दो डिप-डिप पैकेट, पाऊडर दूध और चीनी डाल लिए। दो बिस्कुट के पैकेट जेब में डाले और गॅज़ीबो की ओर चला गया।

मुश्किल से दस मिनट का समय लगा होगा। लेकिन जब द्रोण गॅज़ीबो में वापिस पहुंचा, वहां कोई नहीं था। द्रोण ने इधर-उधर देखा मगर

अब्दुल कहीं भी नजर नहीं आया। वह वहां से जा चुका था। उसे अफसोस हुआ। कम से कम चाय तो पी जाता। हताश, वह अपने कमरे में लौट आया। उसे चिन्ता थी कि बुखार की हालत में अब्दुल इतनी ठण्ड में रात कैसे काटेगा।

बिस्तर में द्रोण बहुत देर तक करवटें बदलता रहा। उसे नींद नहीं आ रही थी। रह-रह कर अब्दुल का मुर्झाया चेहरा उसकी आंखों में तैर जाता था। अब्दुल के शब्द बार-बार उसके कानो में गूंजने लगते थे 'पैसा ही तो सब कुछ नहीं होता न।… अकेला जीवन दोजख है जनाब।"

फिर अचानक उसे याद आया कि वह भी तो हनीमून की छुट्टियों के बाद कनाडा के स्थाई आप्रवासन के लिए आवेदन पत्र देने वाला है। उसे अपनी मां के कहे शब्द याद आने लगे, '…क्या करोगे विदेश जा कर… सब कुछ तो है यहां… दोनो यहीं रहो न… हमारे साथ… अपने देश में।'… मां का दर्द द्रोण से छिपा नहीं था। हालांकि पापा ने मना तो नहीं किया था किन्तु उनकी बातों में स्पष्ट स्वीकृति भी नहीं थी, '…देखो बेटा, यह फैसला तुम्हें स्वयं लेना है। तुम्हारी अपनी ज़िन्दगी है… अपना कैरियर है। हम तुम्हारे फैसले में नहीं आना चाहते। किन्तु फिर भी सोच लो।… वैसे काम करने वालों के लिए भारत में भी कोई कमी नहीं…।'

द्रोण को कब नींद आई उसे पता नहीं चला। सुवह जब नींद खुली, सूरज की किरणें खिड़की के पर्दों में से अन्दर झांक रहीं थीं। वह उठ कर बैठ गया। स्वाति अभी तक सोई हुई थी। वह धीरे से बिस्तर से नीचे उतरा और जैकेट और मफलर लपेट कर बाहर धूप में निकल आया।

सुवह का मौसम बहुत ही सुहावना था। सूरज की किरणें लॉन में फैली बर्फ से परिवर्तित हो कर आंखों को चुंधिया रहीं थीं। होटल के दो कर्मचारी धूप में खड़े आपस में बतिआ रहे थे। द्रोण को देख कर वे चुप

हो गए। उन्होंने द्रोण को सलाम किया। द्रोण ने उन्हें सिर हिला कर सलाम का जबाब दिया और लॉन की ओर बढ़ गया। उसके कदम उसे गॅज़ीबो की तरफ खींचे लिए जा रहे थे।

उन दो लोगों के पास से गुजरते हुए द्रोण के कानो में 'अब्दुल' शब्द पड़ा। वह ठिठक कर रुक गया और पलट कर उनसे बोला, "क्या हुआ?"

"सर, रात को ठण्ड से एक आदमी की मौत हो गई।"

"किसकी मौत?"

"सर, हमारा एक पुराना कर्मचारी था... अब्दुल। कुछ साल पहले यहां चौकीदार था। फिर उसने नौकरी छोड़ दी थी।... अभी-अभी हमारा एक साथी बाजार से आया है। वह बता रहा था कि मस्जिद के सामने ज़ायका ढाबे की बैंच पर अब्दुल की लाश पड़ी मिली।"

"और ढाबे का मालिक?"

"सर, वही आदमी बता रहा था कि ढाबा कुछ दिनों से बन्द चल रहा है। उसका मालिक इस्लाम आजकल घर पर नहीं। शायद उसकी वीवी की तवीयत नासाज़ थी। हो सकता है वह उसी को ले कर जम्मू गया हो।"

यह सुन कर द्रोण सुन्न हो गया। उसके पांव जमीन से चिपक कर रह गए। उसे अब्दुल के शब्द याद आने लगे '...आगे बाज़ार में, मस्जिद के सामने, एक ढाबा है... ज़ायका ढाबा। मैं ढाबे वाले को जानता हूं। वह हमारे ही गांव से है। आज की रात मैं उसके पास रुक जाऊंगा। मैं पहले भी कई बार उसके पास रुका हूं।'... अब्दुल को क्या मालूम था कि यह उसकी अन्तिम रात होगी और उस रात उसे उसके दोजख से मुक्ति मिल जाएगी। द्रोण चुपचाप कमरे में वापिस लौट आया।

नाश्ते की मेज पर द्रोण को अपनी आदत के विपरीत गुमसुम बैठे देख कर स्वाति बोली, "क्या बात है बहुत गुमसुम बैठे हो? क्या तुम्हें भदरवाह पसन्द नहीं आया?"

प्रत्युत्तर में द्रोण बोला, "स्वाति मैनें फैसला कर लिया है कि मैं कनाडा के आप्रवासन के लिए आवेदन पत्र नहीं दूंगा।"

"क्या?"

"हां"

स्वाति द्रोण के इस अप्रत्याशित उत्तर पर उसे अवाक देखती रह गई।

5

बाबू

हमारी मीटिंग, जो मैं सोचता था शाम को तीन बजे तक चलेगी, दोपहर एक बजे ही समाप्त हो गई। दो बजे के लगभग हमने लन्च भी कर लिया। मेरी जम्मू की वापसी की टिकट अगले दिन के लिए बुक थी। इस प्रकार आज का आधा दिन मेरे पास खाली था। इस खाली समय का कैसे उचित उपयोग हो, यही सोचते हुए मैं डायनिंग हाल से निकल कर गेस्ट हाऊस के काऊंटर पर अपने कमरे की चाबी लेने के लिए आया। मैं चाबी ले कर पलटा ही था कि किसी ने मुझे पीछे से पुकारा, "शर्मा जी।"

मैं रुक गया। पलट कर देखा तो लॉबी में काऊंटर के दाईं ओर रखे सोफे पर बैठा कैलाश अपना हाथ हिला रहा था। वह उठ कर मेरी ओर चला आया।

कैलाश से मेरी मुलाकात पिछली ही शाम डायनिंग हाल में डिनर की मेज पर हुई थी। कैलाश चन्द्र जोशी... लगभग तीस-पैंतीस बर्ष का युवक, पिछले तीन-चार बर्षों से देहरादून में किसी गैर सरकारी संस्था से जुड़ा हुआ था। यह संस्था 'सुरक्षित खाद्यान्न मिशन' के तहत किसानों और आम जनता में जैविक व परम्परागत खेती के सम्बन्ध में जागरूकता

लाने में जुटी हुई है। कैलाश, कृषि भवन में किसी से मिलने के लिए पिछले कल देहरादून से दिल्ली आया था और इसी गेस्ट हाऊस में ठहरा हुआ था।

"कैसी चल रही है आपकी मीटिंग?" मेरे पास आ कर कैलाश ने पूछा।

"मीटिंग अच्छी रही और समाप्त भी हो गई।"

"आप तो कह रहे थे तीन-साढ़े तीन बजे तक चलेगी?"

"उम्मीद तो यही थी, मगर...। खैर, तुम्हें तो कृषि भवन जाना था न? हो आए वहां?"

"नहीं, मैं कृषि भवन नहीं गया। दरअसल मुझे जिससे मिलना था, वह आज दफ्तर आया ही नहीं... अचानक बीमार हो गया। यह तो अच्छा हुआ कि मैंने फोन पर पता कर लिया, वरना मुफ्त में दौड़ हो जाती।... दिल्ली की ट्रैफिक से दिल घबराता है।"

"ओह!" मेरे मुंह से निकला।

तभी कैलाश ने पूछा, "अब क्या प्रोग्राम है आपका? आप तो कल वापिस जाने वाले हैं न?"

"कुछ खास नहीं" मैंने उत्तर दिया।

"तो चलिए कहीं घूम आते हैं" उसने अपना विचार रखा और इससे पहले कि मैं कोई उत्तर देता वह स्वंय ही कहने लगा, "किसी शॉपिंग मॉल में चलते हैं।"

"विचार बुरा नहीं" मैंने तुरन्त हामी भर दी। मैं भी तो ऐसा ही कुछ चाहता था। "कहां चलें?"

"दी ग्रेट इण्डिया प्लेस' चलते हैं।"

"नोएडा?"

"हां। सुना है काफी बड़ा शापिंग मॉल है। परन्तु कभी देखने का अवसर ही नहीं मिला। दिल्ली आ कर एक-दो काम निपटाने में ही सारा समय निकल जाता है और फिर वापसी। आज समय मिला है तो...।"

"ठीक है। पांच-सात मिनट का समय दो। मैं तुम्हें यहीं लॉबी में मिलता हूं।"

दो चालीस पर हम कैब करके शॉपिंग मॉल को चल दिए। रास्ते में इधर-उधर की बातें होती रहीं। अधिकतर चर्चा कैलाश की संस्था, जैविक व परम्परागत खेती व उनके लाभ-हानियां, किसानों एवं आम जनता का सुरक्षित खाद्यान्नों के प्रति रुझान इत्यादि पर ही केन्द्रित रही। बातों ही बातों में हम कब शॉपिंग मॉल पहुंच गए पता ही नहीं चला।

शॉपिंग मॉल में, क्योंकि घूमने के अतिरिक्त कोई और विशेष उद्देश्य तो था नहीं, हम विंडो शॉपिंग करते हुए इधर-उधर टहलने लगे। एक मंजिल से दूसरी मंजिल, दूसरी से तीसरी, तीसरी से चौथी... घूमते-घूमते हमारी टांगों ने भी अब थकान का अलार्म बजाना आरम्भ कर दिया था। इसी बीच कैलाश ने थोड़ी बहुत शॉपिंग भी कर ली थी।... शाम के साढ़े चार बज रहे थे।

"क्यों न किसी कॉफी हाऊस में बैठा जाए?... थकान सी महसूस होने लगी है।" मैनें अपनी राय प्रकट की जो कैलाश द्वारा तुरन्त स्वीकृत हो गई।

"अवश्य... नेकी और पूछ-पूछ। चलिए, बैरिस्ता कॉफी हाऊस में बैठते हैं।"

बैरिस्ता कॉफी हाऊस की ओर जाते हुए जैसे ही हम 'लाईफ स्टाईल' शो-रूम के सामने से गुजरे, तीन-चार पुलिस कर्मी एक युवक को हथकड़ी लगाए स्टोर से बाहर निकल रहे थे। उनके पीछे-पीछे कुछ तमाशाईयों की भीड़ थी। भीड़ में सुगबुगाहट थी।

हथकड़ी में बन्धा युवक लगभग बारह-तेरह बर्ष का मध्यम कद का था। उसने आसमानी धारियों वाली सफेद रंग की आधे बाजु की टी-शर्ट व नीली जीन की पैंट पहन रखी थी। पांव में स्पोर्टस शूज़ थे। जैसे ही मेरी नजर उस युवक के चेहरे पर पड़ी मेरा माथा ठनका। उसका चेहरा मुझे कुछ कुछ जाना पहचाना सा लगा। मैनें मस्तिष्क पर जोर डाला, 'क्या मैनें इसे पहले कहीं देखा है?... हां, देखा तो है मगर कहां?' मैं याद करने की कोशिश कर ही रहा था कि मेरी नज़र युवक की उस भुजा पर पड़ी जिसमें हथकड़ी बन्धी हुई थी। उस भुजा पर एक टैटू खुदा हुआ था। बड़े-बड़े नीले अक्षरों में लिखा था... 'बाबू'। उस टैटू पर नजर पड़ते ही मुझे सब याद आ गया। मेरे पांव अचानक जमीन से चिपक से गए।

पुलिस कर्मी उस युवक को साथ लिए हमारे सामने से निकल कर आगे बढ़ गए। मैं वहीं खड़ा उन्हें जाते हुए देखता रहा। तभी कैलाश ने मेरे कन्धे पर हाथ रखते हुए कहा, "क्या हुआ शर्मा जी?"

"बाबू" मेरे मुंह से निकला।

"कौन बाबू?"

"वही लड़का जिसे अभी-अभी पुलिस यहां से पकड़ कर ले गई।"

"आप जानते हैं उसे?"

किन्तु मैं कैलाश को कोई उत्तर दिए बिना उस शो-रूम के गेट पर खड़े सिक्यूरिटी गार्ड के पास चला गया। उससे पूछा, "कौन था यह लड़का जिसे पुलिस पकड़ कर ले गई? क्या किया उसने?"

"सर, यह लड़का कौन था यह तो मैं नहीं जानता, किन्तु हां, इसने स्टोर में चोरी की है। लैदर की बेल्ट और पर्स चुराए हैं। सी सी टीवी कैमरे में इसकी चोरी पकड़ी गई।"

'यह तो एक दिन होना ही था' मेरे दिल से आवाज़ आई। तभी कैलाश ने पुनः मेरे कन्धे पर हाथ रखते हुए कहा, "क्या हो गया शर्मा जी? क्या आप जानते हैं उस लड़के को?" उसने अपना प्रश्न दोहराया।

"हां भी और नहीं भी" मैंने कहा, "लगभग तीन बर्ष पुरानी घटना है। चलो कॉफी हाऊस में बैठ कर सुनाता हूं।"

लगभग तीन बर्ष पहले की बात है। मैं जहाज द्वारा दिल्ली से जम्मू जा रहा था। मेरी गलियारे वाली सीट थी। खिड़की वाली सीट पर यह लड़का और बीच वाली सीट पर इसका बाप बैठा था। यह लोग शायद श्री वैष्णो देवी दर्शन के लिए जा रहे थे, ऐसा मुझे उनकी आपसी बातों से आभासित हुआ था।

उड़ान के कुछ ही देर बाद जहाज में खाने-पीने की चीज़ों की बिक्री आरम्भ हो गई। दो एयर होस्टेस लड़कियां धीरे-धीरे एक ट्राली को धकेलते हुए हमारी सीट के पास पहुंचीं। मुझे कुछ नहीं खरीदना था। एयर होस्टेस ने मेरी बगल में बैठे व्यक्ति से पूछा। उसने भी मना कर दिया, लेकिन उसके बेटे ने धीरे से उसके कान में कुछ कहा। इतने में एयर होस्टेस अगली सीट के पास चली गई थी। अपने बेटे की बात सुन कर उस व्यक्ति ने पीछे से उस एयर होस्टेस को बुलाया, "एक्सक्यूज़ मी।"

"यस" एयर होस्टेस ने पलट कर पूछा।

"एक जूस दे दीजिए।"

"कौन सा जूस लेंगे आप?… ऐप्पल या ऑरेंज?"

"कोई सा भी… ऑरेंज दे दो।"

"एक सौ रुपए प्लीज़" एयर होस्टेस ने ऑरेंज जूस का पैकेट उस व्यक्ति को देते हुए कहा।

"जी" उस व्यक्ति ने जूस का डिब्बा अपने बेटे को दे दिया और अपनी कमीज की सामने की जेब टटोलने लगा। फिर उसने अपनी पैंट की साईड की जेबों में बारी-बारी हाथ डाला। तदोपरान्त वह अपनी पैंट की पिछली जेब में से पर्स निकालने की क्रिया करने लगा।

एयर होस्टेस वहीं पर खड़ी सौ रुपए की प्रतीक्षा कर रही थी। इतने में एक महिला यात्री ने उस एयर होस्टेस से ट्राली एक तरफ करने को कहा। वह शौचालय जाना चाहती थी। एयर होस्टेस उस ट्राली को खींचती हुई काकपिट की ओर चली गई। जाने से पहले उसने दूसरी एयर होस्टेस से कहा कि वह उस व्यक्ति से सौ रुपए ले ले।

अब दूसरी वाली एयर होस्टेस उस व्यक्ति से सौ रुपए लेने के लिए मेरे पास आ कर खड़ी हो गई। उस व्यक्ति ने उस लड़की को वहां खड़े देख कर पुनः अपनी पैंट की पिछली जेब खंगालनी आरम्भ कर दी। इतने में हम से अगली पंक्ति में बैठे किसी यात्री ने एयर होस्टेस को बुलाआ। एयर होस्टेस वहां चली गई।

इस दौरान उस व्यक्ति ने अपने पर्स में से सौ रुपए का नोट निकाल कर गोल किया और अपनी मुट्ठी में दबा लिया। तभी घोषणा हुई, 'खराब

मौसम के कारण सभी यात्री कृपया अपने-अपने स्थान पर लौट जाएं और कुर्सी की पेटी बान्ध लें। इस दौरान शौचालय का प्रयोग वर्जित है।'

लगभग पांच मिनट के विक्षोम के पश्चात स्थिति पुनः सामान्य हो गई। खाद्य सामग्री की बिक्री पुनः आरम्भ हो गई। एयर होस्टेस ट्राली ले कर हमारी पंक्ति से आगे निकल गई।

इस दौरान उस लड़के ने जूस पी कर समाप्त कर दिया था। उस व्यक्ति ने सौ रुपए का नोट अपने बेटे के हाथ में दिया और स्वयं आंखें बन्द कर के सोने का नाटक करने लगा।

नाटक शब्द का प्रयोग मैं इसलिए कर रहा हूं क्योंकि आंखें बन्द किए हुए भी वह अपनी नज़रें अपने बेटे पर गड़ाए हुए था। हुआ यूं कि जैसे ही एयर होस्टेस हमारे पास से गुजरी, उस लड़के ने उसे सौ रुपए देने के लिए अपना दाहिना हाथ ऊपर उठाया। उसके बाप ने तुरन्त उसका हाथ खींच कर नीचे कर दिया और उसे हल्की सी घुड़की दे कर चुप रहने को कहा। एयर होस्टेस ने तो यह सब नहीं देखा, किन्तु मैनें देखा कि उस लड़के ने बहुत आश्चर्य से अपने बाप की तरफ देखा था, मानो पूछ रहा हो 'क्या मैनें कुछ गलत किया पापा?' उसी समय मैनें उस लड़के की दाहिनी भुजा पर, जो उसने ऊपर उठाई थी, एक टैटू खुदा हुआ देखा था। बड़े-बड़े नीले अक्षरों में लिखा था... 'बाबू'।

बाप की घुड़की सुन कर बाबू खामोश हो गया। कुछ देर तक वह वैसे ही गुमसुम बैठा रहा जैसे कि वह मन ही मन स्थिति को समझने की चेष्टा कर रहा हो। फिर अचानक उसने सौ रुपए का नोट सीधा किया, अपनी टी शर्ट की जेब में रखा और गर्दन घुमा कर खिड़की में से बाहर झांकने लगा। शायद उसे उसके बाप द्वारा दिया हुआ सबक अक्षरशः समझ में आ गया था।

मुझे बाप-बेटे की हरकतें अच्छी नहीं लगीं थीं। बहुत गुस्सा आया था मुझे उस व्यक्ति पर। कैसा बाप था वह जो स्वयं अपने बेटे को चोरी सिखा रहा था। मैं सोच रहा था कि यदि बचपन में ही बाबू को ऐसी ट्रेनिंग मिलती रही तो वह बड़ा हो कर क्या बनेगा… एक उठाई-गिरा, चोर-उचक्का या जेब कतरा? सौ रुपए की चोरी बढ़ कर किस सीमा तक पहुंचेगी, यह तो समय ही बताएगा। एक तरफ ऐसी सोच और दूसरी तरफ देवी दर्शन… वाह, क्या विरोधाभास था! एक पल के लिए मेरे मन में आया था कि मैं उस व्यक्ति से कुछ कहूं या उस एयर होस्टेस को बुला कर कहूं कि इसने तुम्हारे सौ रुपए नहीं दिए। किन्तु किसी बवाल के डर से मेरा कायरपन मुझ पर हावी रहा। मैं चुपचाप एक गलत काम होते देखता रहा और किया कुछ नहीं।

हमारा जम्मू का सफर पूरा हो गया। कुछ समय तक मुझे वह घटना परेशान करती रही थी। कभी-कभी मन में विचार आता था कि यदि, भगवान न करे, बाबू जीवन की सही दिशा से भटक जाता है तो उसकी भटकन में थोड़ा बहुत योगदान मेरा भी होगा। मुझे आत्मग्लानि का अहसास होता था। मगर धीरे-धीरे समय के साथ मैं उस घटना को पूरी तरह भूल गया।

"और आज तीन बर्ष वाद पुनः आप ने बाबू को देख लिया, वह भी हथकड़ी में। क्या संयोग है।" मेरी कहानी सुनने के बाद कैलाश ने कहा।

"मैंने कभी सपने में भी नहीं सोचा था कि मेरी फिर कभी बाबू से मुलाकात होगी और वह भी ऐसी परिस्थिति में। आज अचानक उसे हथकड़ियों में बन्धे देख कर मुझे अच्छा नहीं लगा।… काश! उस दिन मैनें एयर होस्टेस को बुलाने के लिए बाबू का उठा हुआ हाथ नीचे न गिरने दिया होता।"

"बाबू की कहानी सचमुच आश्चर्यजनक है और चिन्ताजनक भी" कैलाश ने कॉफी का खाली मग मेज़ पर रखते हुए कहा, "यह हमें सोचने पर विवश करती है कि बच्चों के बनाने या बिगाड़ने में मां-बाप का कितना हाथ है।... बेचारा बाबू।"

तब तक मग में पड़ी मेरी कॉफी ठण्डी हो चुकी थी।

6

डर

आज साक्षी कमरे में अकेली थी। उसकी रूम मेट प्रभा अपने ऑफिस के काम से दो दिन के लिए हैदराबाद गई हुई थी। आज डायरी लिखने का उपयुक्त समय था। बहुत सोच विचार के बाद ही साक्षी ने डायरी लिखने का निर्णय लिया था क्योंकि उसने सोचा जब कोई और विकल्प बचा ही नहीं तो हो सकता है लिखने से ही उसके मन में बसा डर निकल जाए। किन्तु यह बात वह प्रभा से छुपा कर रखना चाहती थी क्योंकि प्रभा ने उसे ऐसा करने से मना किया था। अतः वह उस दिन की प्रतीक्षा कर रही थी जिस दिन वह कमरे में अकेली होगी और चुपके से डायरी लिख सकेगी, और आज वह दिन था। साक्षी ने बिस्तर में बैठ कर पीठ से तकिया लगाया और डायरी लिखना आरम्भ कर दी।

09 दिसम्बर 2018

आज पूरे दो महीने और सात दिन हो गए हैं उस घटना को घटे हुए, परन्तु ऐसा लगता है जैसे कल ही की बात हो। तब से आज तक मुझे एक अजीब सी दहशत ने जकड़ रखा है। रात के सन्नाटे में एक हल्की सी आहट भी मुझे यकायक उन भयावह पलों में खींच लाती है जिन्हें मैं

सोचना तक नहीं चाहती। उस घटना के याद आते ही मेरे शरीर में अचानक एक सिहरन सी दौड़ जाती है। रोंगटे शरीर पर कांटों की तरह चुभने लगते हैं। अगल बगल अजीब सी आकृतियां साकार होने लगती हैं। पलकें जड़वत हो जाती हैं। आंखें फैल जाती हैं। सांस धीमी हो जाती है। दिल की धड़कन तेज हो जाती है। माथे पर पसीना आ जाता है। फिर उस पल की प्रतीक्षा होने लगती है जब कोई हाथ अचानक मेरे गले को दबोचने लगेगा। मैं चीखना चाहती हूं मगर चीख नहीं पाती यह सोच कर कि लोग मुझे पागल न समझने लगें।

इस घटना से पहले मुझे ऐसी बातों पर कतई विश्वास नहीं था। यदि मुझ से कोई ऐसी बात करता भी तो मैं उसे केवल मन का वहम कह कर हवा में उड़ा देती थी। किन्तु जब ऐसी घटना स्वयं मेरे साथ घटी तो मैं स्तब्ध रह गई। मुझे विश्वास नहीं हुआ था कि वह सपना था या हकीकत। पहली बार अचानक मेरे साथ ऐसा हादसा हुआ जिसने मेरे विश्वास को झिंझोड़ कर रख दिया था। वह हादसा मेरे मन में एक डर बन कर बैठ गया। मैंनें डर के बारे में केवल सुना ही था मगर डर वास्तव में होता क्या है यह मुझे उस रात पता चला था।

कुछ तो था उस कमरे में जो होते हुए भी दिखाई नहीं दे रहा था उसके होने का प्रमाण साक्षात द्रष्टव्य था मगर वह था क्या?... कोई भूत, प्रेत या भटकी हुई आत्मा या मेरे मन का वहम? जो भी था मेरे लिए समझ से परे एक अनबूझ पहेली थी उस दिन से आज तक मैं एक अजीब सी दहशत में जी रही हूं। एक अनजान सा डर मुझे अन्दर ही अन्दर खाए जा रहा है। हर आहट मुझे अन्दर तक दहला देती है। दिन-प्रतिदिन मेरा मानसिक तनाव बढ़ता जा रहा है। मैं इस डर के साथ और

अधिक समय तक नहीं जी सकती। किसी भी मूल्य पर मैं इस डर से मुक्ति पाना चाहती हूं। मगर कैसे?

सुना है बात करने से मन हल्का हो जाता है। हो सकता है बात करने से मेरे मन में बसा हुआ डर भी निकल जाए। इसलिए मैंने बहुत बार चाहा कि इस घटना का ज़िक्र मैं अपनी किसी सहेली से करूं। किन्तु यह सोच कर कि इससे मैं कहीं दोस्तों में मजाक न बन जाऊं मैं अभी तक खामोश बैठी हूं। फिर यकायक मन में विचार आया कि क्यों न यह बात मैं अपने पापा से करूं। वे उदार विचारों के इन्सान हैं। वे मेरी बात अवश्य समझेंगे और अपने तर्कों एवं सूझबूझ से मुझे इस डर से अवश्य मुक्ति दिलवाएंगे। मैं उनसे यह आग्रह भी करूंगी कि इस बात का ज़िक्र वे मेरी मम्मी से न करें क्योंकि मेरी मम्मी का इन चीजों में बहुत अधिक विश्वास है या यह कहूं कि अन्धविश्वास है तो भी गलत नहीं होगा, और यह घटना सुनते ही वे और कुछ नहीं तो मेरे घूमने फिरने पर तुरन्त अंकुश अवश्य लगा देंगी। अतः मैंने तय कर लिया कि मैं जल्दी ही घर जाऊंगी और अपने पापा से अकेले में इस घटना के विषय में बात करूंगी।

लेकिन ऐसा हो न सका। अगले ही दिन मेरी रूम मेट प्रभा ने मेरी इस योजना पर पानी फेर दिया। उसने प्रातः उठते ही मुझसे कहा कि मैं इस घटना का ज़िक्र किसी से न करूं। उसे पूर्वाभास हुआ है कि यदि इस घटना का ज़िक्र हम में से किसी ने भी किसी से भी किया तो कुछ अनर्थ हो सकता है। मैं उसकी बात सुन कर घबरा गई क्योंकि मैं किसी भी कीमत पर उसकी बात को झुठला नहीं सकती थी। कारण यह था कि मैंने स्वयं अपनी आंखों से उसके पूर्वाभासों को साक्षर घटित होते हुए देखा है।

अचानक प्रभा एक सपना देखती है। सपने में उसे अपने किसी नजदीकी सम्बन्धी-रिश्तेदार के साथ कोई दुखद घटना होते हुए दिखाई देती है। हकीकत में शत-प्रतिशत वही घटना अगले पन्द्रह-बीस दिनों में या अधिक से अधिक एक महीने में प्रत्यक्ष में घटित हो जाती है। पिछले दो अढ़ाई वर्षों में प्रभा को कुछ पूर्वाभास हुए, जैसे कि उसकी मौसी का गम्भीर रूप में बीमार होना, उसके चचेरे भाई की भयानक सड़क दुर्घटना होना, उसकी छोटी बहन की किसी बहुमूल्य वस्तु का चोरी होना, उसके भतीजे का परीक्षा में फेल होना इत्यादि, जो अक्षरशः सत्य हुए हैं। इन सपनों की विशेषता यह है कि ये सब दुखद घटनाओं को ही दर्शाते हैं, सुखद को नहीं। इसलिए अब तो प्रभा स्वयं ऐसे सपने देखने से घबराने लगी है। लेकिन वह करे भी तो क्या? इन सपनों पर उसका कोई नियन्त्रण तो है नहीं।

इसलिए जैसे ही प्रभा ने मुझे यह घटना किसी से भी न कहने की हिदायत दी, मैं उसकी बात सुन कर घबरा गई। मैंने तो पिछले ही दिन यह घटना पापा को बताने की सोची थी। प्रभा को तुरन्त इसका पूर्वाभास भी हो गया। हो सकता है यह मात्र संयोग ही हो किन्तु सच भी तो हो सकता है, और यदि सच हुआ तो? मैं किंचित भी जोखिम नहीं उठाना चाहती थी। इसलिए अब इतना तो तय था कि मैं यह घटना पापा तो क्या किसी को भी नहीं बताऊंगी। तो फिर मैं क्या करूं जिससे मेरे मन में बसा डर निकल जाए?

इसी उधेड़-बुन में कुछ दिन और निकल गए। रात-दिन मेरे दिमाग में यही खलबली मची रहती थी। दिनो-दिन मेरे मस्तिष्क में अजीब सा मनोवैज्ञानिक दबाव बढ़ता जा रहा था। बार-बार मेरे मन में यह विचार आ रहा था कि निरन्तर मानसिक दबाव से मैं कहीं किसी मानसिक रोग

का शिकार न हो जाऊं। इससे पहले कि ऐसा कुछ हो मुझे तुरन्त इसका कुछ उपाय अवश्य करना होगा। मगर करूं तो क्या करूं? सिवाए चिन्ता के कुछ सूझ नहीं रहा था।

फिर अचानक एक विकल्प दिमाग में आया। क्यों न मैं यह समस्त घटना लिख कर अपने पापा को भेज दूं? प्रभा का पूर्वाभास तो मुझे किसी से बात करने से रोकता है, किसी को लिख कर भेजने से नहीं। हो सकता है इससे प्रभा की बात भी रह जाए और मेरी समस्या का हल भी हो जाए। यही सोच कर आज मैं दो माह पुरानी घटना को पन्नों पर दोहराने का साहस जुटा रही हूं।

01 अक्तूबर, 2018

अचानक हमारा मसूरी घूमने का कार्यक्रम बन गया। मैं और प्रभा दो दिन के लिए मसूरी घूमने निकल आए। होटल की बुकिंग हमने इंटरनेट द्वारा नोएडा से ही करवा ली थी। होटल बहुत अच्छा था और शहर से थोड़ा सा बाहर था। हम शाम को होटल पहुंचे। कुछ देर सुस्ताए और फिर बाजार में टहलने के लिए निकल गए। मौसम में हल्की सी ठण्डक थी। रात का खाना हम ने होटल में ही खाया और जल्दी सो गए। पिछली रात रेलगाड़ी और आज टैक्सी के सफर में हुई थकावट के कारण नींद भी खूब आई।

02 अक्तूबर, 2018

आज हम सारा दिन घूमे।... कैम्पटी फाल, कैमल हिल, लाल टिब्बा, गन हिल... थोड़ी बहुत शॉपिंग भी की। थकावट आज भी बहुत हो गई थी। आज भी हमने रात को होटल में ही खाना खाया और जल्दी सो भी गए।

रात पूरे यौवन पर थी। चारों तरफ सर्द रात का सन्नाटा गहराया हुआ था। मैं गहरी नींद सोई हुई थी। मेरे साथ वाली चारपाई पर प्रभा सो रही थी।

रात को ठीक दो बज कर दस मिनट का समय था कि प्रभा अचानक बहुत जोर से चीखी। उसकी चीख सुन कर मेरी नींद खुल गई। मैं हड़बड़ा कर उठ बैठी। नाइट बल्ब की मध्यम रोशनी में मैंने देखा कि प्रभा बिस्तर में बैठी हुई है और कह रही है, "साक्षी कोई है... हमारे कमरे में कोई है।"

मैंने इधर-उधर देखा परन्तु मुझे कोई नज़र नहीं आया।

"कमरे में तो कोई नहीं" मैंने कहा।

"नहीं... कोई है। मैंने स्वयं अपनी आंखों से उसे देखा है... सफेद कपड़ों में।"

वह घबराई सी, बुत बनी, फटी निगाहों से एकटक वाशरूम की ओर देखे जा रही थी। उसका चेहरा सफेद पड़ गया था। उसे इस स्थिति में देख कर मैं भी घबरा गई। मैं तुरन्त अपने बिस्तर से नीचे उतरी, कमरे की बत्ती जलाई और लगभग दौड़ती हुई प्रभा के पास पहुंच गई। मैंने उसकी पीठ पर हाथ रखा। उसका शरीर पत्ते की तरह कांप रहा था। उसे सांत्वना देते हुए मैंने कहा, "प्रभा हमारे कमरे में हमारे सिवाए कोई नहीं। तुमने अवश्य कोई सपना देखा है।"

"नहीं, मैंने कोई सपना नहीं देखा। हमारे कमरे में कोई है... अवश्य है। वह मेरे बिस्तर के पास ही खड़ा था। फिर वाशरूम की तरफ चला गया।"

"ठीक है। मैं देखती हूं वाशरूम में।"

यह कह कर मैं वाशरूम की तरफ बढ़ी। अब मुझे भी डर लगने लगा था। दहशत से दिल तेजी से धड़कने लगा था। टांगें कमजोर पड़ने लगीं थीं। वाशरूम की तरफ एक एक कदम मुझे टनो भारी लगने लगा था।

मैंनें देखा कि वाशरूम का दरवाज़ा थोड़ा सा खुला हुआ है। और जहां तक मुझे याद है रात को दांत साफ करने के बाद मैंनें वाशरूम के दरवाज़े को ठीक से बन्द कर दिया था। प्रभा तो उसके बाद उठी नहीं। फिर यह दरवाज़ा खुल कैसे गया? हो सकता है रात को दरवाज़ा पूरी तरह बन्द न हुआ हो और थोड़ा सा खुला रह गया हो। या यह भी हो सकता है कि सच में वाशरूम में कोई है जिसे प्रभा ने देखा था? लेकिन कोई अन्दर आएगा कैसे? हमारे कमरे का दरवाज़ा तो अन्दर से बन्द है। खिड़कियां भी अन्दर से बन्द हैं। वाशरूम में सिवाए एक छोटे से रोशनदान के कोई खिड़की भी नहीं। फिर भी आश्वस्त होने के लिए देखना तो पड़ेगा ही। यह सोचते हुए मैंनें वाशरूम की बत्ती जलाई... वाशरूम की बत्ती का एक स्विच दरवाजे के बाहर था... और थोड़ी सी ऊंची आवाज में पूछा, *"वाशरूम में कोई है?"*

अन्दर से कोई उत्तर नहीं आया।

मैं फिर बोली, *"अन्दर कोई है?"*

लेकिन फिर भी कोई उत्तर नहीं आया।

मैंनें धीरे से वाशरूम का दरवाज़ा अन्दर की ओर धकेला। कुछ पल के लिए किसी आहट की प्रतीक्षा की। फिर हिम्मत कर के वाशरूम के अन्दर झांक कर देखा। अन्दर कोई नहीं था। मेरे मन से एक अज्ञात भय का बोझ उतर गया।

"देखा, मैंने कहा था न..." मैं वहीं से बोली *"यहां कोई नहीं है"* फिर प्रभा के पास लौट कर पुनः दोहराया *"वाशरूम में कोई भी नहीं है, प्रभा मेरी मानों, तुमने अवश्य कोई सपना देखा है। हमारे कमरे में कोई नहीं आया और कोई आ भी कैसे सकता है। दरवाजा और खिड़कियां अन्दर से बन्द हैं... तुम निश्चिन्त हो कर आराम से सो जाओ। घबराओ मत। देखो मैं तुम्हारे पास हूं।"*

मेरी बात सुन कर प्रभा कुछ बोली नहीं। उसका एकटक वाशरूम की तरफ देखना जारी रहा। मैं बाखूबी समझ रही थी कि वह मेरी बात से सन्तुष्ट नहीं थी। मैं कुछ देर तक उसकी पीठ सहलाती रही... उसे सांत्वना देती रही। वह चुपचाप बैठी रही। कुछ क्षण के लिए उसने इधर-उधर देखा फिर यकायक तकिए में मुंह छुपा कर पेट के बल बिस्तर पर लेट गई। मैं कुछ पल तक उसके पास खड़ी उसकी पीठ सहलाती रही। फिर उसे कम्बल उढ़ाया और वापिस अपने बिस्तर में आ कर पीठ के बल लेट गई और छत को निहारने लगी। नींद मेरी आंखों से उड़न-छू हो चुकी थी।

छत पर नजरें गड़ाए मैं प्रभा के अजीब व्यवहार के बारे में सोच ही रही थी कि मुझे अपने पांव की तरफ से एक हल्का सा सर्द हवा का झोंका आता हुआ महसूस हुआ। मुझे ऐसे लगा जैसे मेरे पांव की तरफ बिस्तर के पास कोई खड़ा है और लम्बे, गहरे सांस ले रहा है। मेरा शरीर अचानक पथरा सा गया। इससे पहले कि मैं कुछ समझ पाती मेरे पांव और पिंडलियों पर अचानक दबाव पड़ने लगा। पांव बिस्तर से चिपक से गए। पिंडलियां टनों भारी महसूस होने लगीं। बाजू शिथिल से हो गए। मैंने पांव हिलाने की भरसक कोशिश की मगर वे टस से मस नहीं हुए। गर्दन उठा कर पांव की तरफ देखना चाहा मगर मैं गर्दन को किंचित भी हिला

नहीं पाई। घबराहट से मेरी घिघ्घी बन्ध गई।... यह मुझे क्या हो रहा था?... एक दहशत... एक अनजान सा डर, ऐसा डर जिसकी मैनें आजतक कभी कल्पना भी नहीं की थी, मुझ पर हावी हो रहा था। मैनें चीखना चाहा मगर मेरी चीख जैसे गले में ही अटक कर रह गई। अपने आप को इतना असहाय मैनें आजतक नहीं पाया था। अचानक मन में नकारात्मक व डरावने विचार उभरने लगे। क्या मैं किसी प्रेतात्मा के चंगुल में फंस गई हूं? मैनें ईश्वर को याद किया। तभी पापा के शब्द मेरे कानों में बजने लगे।

"बेटे, कोई भूत-प्रेत नहीं होता। यह सब बेकार की बातें हैं... मन का वहम हैं... कमजोर मन की उपज हैं। कमजोर मन जैसा सोचने लगता है वैसा ही होने लगता है। दृढ़ इच्छा-शक्ति वालों के सामने इन चीजों का कोई अस्तित्व नहीं। इन्सान सर्वशक्तिमान है। उसे कभी हिम्मत नहीं हारनी चाहिए।... फिर भी यदि कभी तुम्हें डर का अनुभव हो तो तुम भोले नाथ को याद करना। महामृत्युन्जय मंत्र में बहुत शक्ति है।"

इन शब्दों से मुझ में कुछ हिम्मत बंधी। मैनें बिना हिले डुले, क्योंकि हिल-डुल तो मैं वैसे भी नहीं पा रही थी, तिरछी नजरों से पांव की ओर देखते हुए कहा, "देखो, तुम जो भी हो, तुमने मुझे अपने यहां होने का अहसास करवा दिया है। मैं तुम्हारी यहां उपस्थिति मानती हूं। किन्तु तुम हमें परेशान मत करो।"

मेरे शब्दों ने जैसे जादू सा काम किया। अचानक मेरे पांव और पिंडलियों पर से दबाव हट गया। बाजू हल्के हो गए। मैनें गर्दन उठा कर पांव की तरफ देखा। वहां कोई नहीं था। प्रभा उसी प्रकार बिस्तर में औंधे मुंह लेटी पड़ी थी।

अभी मैं पूरी तरह सामान्य भी नहीं हो पाई थी कि अचानक मुझे मेरी कमर से ऊपरी शरीर पर बोझ महसूस होने लगा। कन्धे भारी होने लगे। पीठ पर दबाव बढ़ने लगा। दबाव पहले से अधिक था। मेरा सिर जैसे तकिए से चिपक कर रह गया। धीरे-धीरे दबाव मेरी गर्दन की ओर बढ़ने लगा। ऐसा लगा जैसे कोई मेरा गला दबाने की कोशिश कर रहा था। मैं छटपटा भी न सकी। सांस मध्यम पड़ने लगी। माथे पर ठण्डा पसीना उभर आया।

मेरी घबराहट चरम सीमा पर थी। मगर फिर भी दिल कह रहा था कि मुझे डरना नहीं है। मुझे कुछ करना है। मैं इतनी आसानी से अपने-आप को पराजित नहीं होने दूंगी।

मैनें हिम्मत जुटाते हुए पुन: दोहराया, "देखो, मैनें कहा न कि मुझे तुम्हारे यहां होने का पूरी तरह अहसास हो गया है। किन्तु तुम हमें परेशान मत करो... प्लीज़।" और इसके साथ ही जोर-जोर से महामृत्युन्जय के मंत्र का जाप आरम्भ कर दिया।

तभी जैसे एक करिश्मा हुआ। अचानक मेरे कन्धों और पीठ पर से दबाव एकदम हट गया। गर्दन मानों किसी छिकंजे से आजाद हो गई। पल-भर में सब कुछ सामान्य सा हो गया, जैसे कुछ हुआ ही नहीं था और ठीक उसी समय प्रभा बिस्तर में उठ कर बैठ गई और बोली, "वह चला गया। कह कर गया है कि वह हमें परेशान नहीं करेगा।"

मैं भी तुरन्त बिस्तर में उठ कर बैठ गई। मेरा शरीर कांप रहा था। माथे पर पसीने की बूंदें थीं। शरीर पर रोंगटे कांटों की तरह चुभ रहे थे। मुंह सूख रहा था।

प्रभा अपने बिस्तर में बैठी हुई थी। किन्तु उसने मुझे पलट कर देखा तक नहीं। वह पुनः एकटक वाशरूम की तरफ निहारे जा रही थी। मेरे उठते ही वह एक स्वचालित रोबोट की तरह तुरन्त तकिए में छुपा कर पुनः पेट के बल बिस्तर पर लेट गई... रात के दो बज कर अठाईस मिनट हो रहे थे।

यह भयानक घटना मेरे लिए अकल्पनीय थी और समझ से नितान्त परे थी। इस आकस्मिक घटना ने मुझे बुरी तरह से भ्रमित व आतन्कित कर दिया था। दिमाग चकरा रहा था... यह सब क्या था? कोई भूत था, मन का वहम था या फिर मनोवैज्ञानिक दबाव... क्या था? कहते हैं जो लगातार मन में चलता रहे वह अवचेतन मन में छप जाता है और सपनों में दिखाई देने लगता है। और कभी-कभी मनुष्य सपने और वास्तविकता में अन्तर महसूस नहीं कर पाता। सपना हकीकत सा लगने लगता है। तो क्या यह सब प्रभा के साथ पूर्वाभास के बारे में अक्सर की गई बातचीत का प्रभाव था जो मेरे अवचेतन मन में छप चुका था और आज अचानक मेरे सामने साकार हो उठा था? क्या मध्यम रोशनी में सन्नाटे को चीरती हुई प्रभा की चीख ने मेरे अवचेतन मन को जगा दिया था? मगर मैनें तो सारी घटना अपनी खुली आंखों से देखी थी और अनुभव की थी? इसे मैं अपने मन का वहम कैसे मान लूं? क्या मन का वहम शरीर पर इस हद तक हावी हो सकता है?... ऐसे-ऐसे न जाने कितने प्रश्न मेरे दिमाग में आंधी की तरह आ-जा रहे थे मगर उस समय मेरे पास किसी भी प्रश्न का उत्तर नहीं था। यदि कुछ समझ में आ रहा था तो वह था डर। इतना डर कि डर शब्द से ही मेरी आत्मा तक कांप जाए।

मैंनें उठ कर कमरे की सारी बत्तियां जला दीं। टीवी भी चालू कर दिया। फिर बोतल में से पानी पिया और बिस्तर पर आ कर लेट गई। दिल अभी तक धक-धक, धक-धक धड़क रहा था। हाथों में कम्पन थी। अब तो मुझ में आंख बन्द करने की भी हिम्मत नहीं बची थी। डर लग रहा था कि आंख बन्द करते ही वह साया फिर से कमरे में वापिस न आ जाए। आंखों में नींद का नामो-निशान नहीं था।... टीवी बजता रहा।... महामृत्युन्जय के मंत्र का जाप चलता रहा।... दीवार घड़ी की सुइयां धीरे-धीरे सरकती रहीं।

जैसे-तैसे वह रात कटी। अगले दिन तय कार्यक्रम के अनुसार यह होटल हमें बारह बजे छोड़ना था, मगर हमने सुबह आठ बजे ही नाश्ता कर के होटल छोड़ दिया और नोएडा को वापिस लौट आए।

09 दिसम्बर 2018

उस घटना ने आज तक मेरा पीछा नहीं छोड़ा। मैं निरन्तर एक अज्ञात डर में जी रही हूं। किसी से बात कर के मन हल्का हो जाता मगर उस पर प्रभा के पूर्वाभास ने अंकुश लगा दिया है। इसलिए आज हिम्मत करके यह घटना मैं इन पन्नों पर उकेर रही हूं इस विश्वास से कि शायद इसी से मुझे मेरे डर से मुक्ति मिल जाए।

इतना लिखने के बाद साक्षी ने अपनी डायरी बन्द की और उसे तकिए के नीचे रख कर सोने का पर्यास करने लगी। रात के पौने बारह बज रहे थे। कमरे में मध्यम सी रोशनी फैलाता हुआ नाइट बल्व जल रहा था।

बिस्तर पर लेटी हुई साक्षी को अचानक महसूस हुआ जैसे कोई धीरे से उसकी बांह खींच रहा है। उसने एकदम आंखें खोल दीं। नाइट बल्व की मध्यम रोशनी में उसने देखा कि सफेद वस्त्रों में लिपटा हुआ एक धुंधला-सा पारदर्शी साया उसके बिस्तर के पास खड़ा था और उससे धीमी-सी, सर्द-सी आवाज़ में कह रहा था, "तो नहीं मानी न तुमने हमारी बात? लिख दी न सारी कथा अपनी डायरी में? मना किया था न तुम्हें कि मत करना इस घटना का ज़िक्र किसी से भी?... ठीक है। अब किया है तो भुगतो। अब जो भी होगा उसका सम्पूर्ण उत्तरदायित्व स्वयं तुम पर होगा।" यह कह कर वह साया हवा में विलीन हो गया।

साक्षी हड़बड़ा कर उठ बैठी। उसका समूचा शरीर पसीने से भीग गया था। उसने कांपते हाथों से कमरे की बत्ती जलाई। दीवार घड़ी रात्री के ठीक दो बज कर दस मिनट दिखा रही थी।

क्या आज उसे फिर कोई भ्रम हुआ था? क्या उसने कोई सपना देखा था? या फिर सच में मसूरी वाला सफेद साया उनका पीछा करता हुआ यहां तक आ पहुंचा था? उसकी समझ में कुछ नहीं आया। लेकिन उसे ऐसा अवश्य लगा कि उसने डायरी लिख कर बहुत बड़ी भूल की थी। उसे उस भूल का प्रायश्चित करना होगा। उसे अदृश्य साए से अपनी गलती के लिए क्षमा मांगनी होगी। डायरी को तुरन्त नष्ट करना होगा।... उसकी ऐसी सोच शायद प्रभा के पूर्वाभास का प्रभाव था।

यह विचार आते ही साक्षी ने कांपते हाथों से तकिए के नीचे से डायरी निकाली और कुछ देर पहले लिखे हुए पन्ने फाड़ने लगी। तभी उसे अपने पापा के कहे हुए शब्द याद आने लगे।

'भूत तो भूतकाल है, वर्तमान में इसका कोई अस्तित्व नहीं, और जिसका कोई अस्तित्व ही नहीं उससे डर कैसा। पुरानी कहावत है बेटे - जो डर गया वो समझो मर गया। इसलिए डर का डट कर मुकाबला करना ही समझदारी है। डर और निडर में एक अहसास भर का अन्तर है। हमें उसे समझना होगा। हमें वर्तमान में जीना है, भूतकाल में नहीं।"

इन शब्दों के याद आते ही साक्षी के मन में उठ रहे अन्तर्द्वन्द पर अचानक विराम लग गया। कई दिनों से मन में उठता हुआ असमन्जस का बवन्डर अचानक थम गया। दिमाग से बोझ हट गया। अब उसने निर्णय ले लिया था। उसे वर्तमान में जीना है, भूतकाल में नहीं। कुछ भी हो, आज के बाद वह इस घटना को कभी याद नहीं करेगी।

वह तुरन्त बिस्तर से उठी और डायरी के फाड़े हुए पन्नों को वाश बेसिन में जला कर पानी में बहा दिया। अब वह डर से पूर्णतय: मुक्त थी।

7

दूसरा शरीर

दव के मन में अचानक शरीर और आत्मा के सम्बन्ध में जानने की प्रबल जिज्ञासा उत्पन्न हुई। शरीर और आत्मा का आपस में क्या सम्बन्ध है? क्या इन्सान अपनी इच्छा शक्ति से जब चाहे अपनी आत्मा को शरीर से अलग कर सकता है? क्या अपनी आत्मा को किसी दूसरे के शरीर में प्रवेश करवा सकता है? क्या शरीर और आत्मा का खेल दृढ़ इच्छा शक्ति, तप और तन्त्र-विद्या साधना से सम्भव है? ऐसे कई प्रश्न मन में लिए देव न जाने कब से देसी घी में प्रज्वल्लित ज्योति की मध्यम रोशनी में अगरबत्ती की भीनी-भीनी सुगन्ध से सरावोर वातावरण में काली मां की भव्य प्रतिमा के सामने आंख बन्द किए पद्मासन जमाए बैठा था। समय के अहसास से परे मन में एक दृढ़ विश्वास था कि मां काली उसकी शंकाओं का समाधान अवश्य करेगी।

अचानक उसने अपने बाएं कन्धे पर किसी हाथ का स्पर्श महसूस किया। उसने चौंक कर आंखे खोल दीं। पीछे मुड़ कर देखा तो हैरान रह गया। लम्बे काले चोले में लिपटा एक तान्त्रिक-सा दिखने वाला शख्स उसके सामने खड़ा था। खुली, बिखरी, लम्बी-लम्बी भस्म-रंजित जटाएं, माथे पर लम्बा काला टीका, गले में विभिन्न प्रकार की पत्थर, हड्डियों,

रुद्राक्ष व कई अन्य प्रकार के मनकों की छोटी-बड़ी मालाएं, कानों में लोहे के कुण्डल, बाहों में लोहे के मोटे-मोटे कड़े, दाएं हाथ में छोटा सा लकड़ी का काला डंडा और नंगे पांव। बाएं कन्धे पर एक काले रंग का लम्बा सा थैला झूल रहा था। देव ने एक ही नजर में उस तान्त्रिक को ऊपर से नीचे तक पढ़ लिया।

आश्चर्यचकित देव हड़बड़ाहट में उठ कर खड़ा हो गया। उसने हल्का-सा झुक कर तान्त्रिक को प्रणाम किया। तान्त्रिक कुछ पल तक देव की आंखों में आंखें गड़ाए एकटक उसे निहारता रहा। उसकी आंखों में एक विचित्र आकर्षण था… एक अद्भुत सम्मोहन शक्ति थी। देखते ही देखते जैसे उसने देव के मस्तिष्क को पढ़ लिया था।

"वत्स" तान्त्रिक बोला "तुम आत्मा और शरीर के रहस्य को जानना चाहते हो?"

"जी हां महाराज" अचम्भित देव ने उत्तर दिया "मगर आपको कैसे मालूम?"

"हम अन्तर्यामी हैं वत्स। आओ मेरे साथ। हम बताते हैं तुम्हें यह रहस्य।"

यह कह कर तान्त्रिक पीछे मुड़ा और धीरे-धीरे मन्दिर के गर्भ-गृह से बाहर निकल गया। देव भी बिना सोचे समझे एक रोबोट की तरह, जैसे लोहा चुम्बक की तरफ खिंचता है, उसके पीछे-पीछे चलने लगा।

धीरे-धीरे चलते हुए वह तान्त्रिक देव को मन्दिर के प्रांगण में ले आया। वहां उसने लकड़ी की खड़ाऊं पहनी और बिना देव की ओर देखे चुपचाप मन्दिर की सीढ़ियां उतरता चला गया। देव भी नंगे पांव उसके पीछे-पीछे सीढ़ियां उतरने लगा। बाहर अंधेरा था।

मन्दिर के सामने थोड़ी दूरी पर एक विशाल पीपल का पेड़ था। चारों ओर घने पेड़ों का झुरमुट था। पेड़ों के इसी झुरमुट के बीचों-बीच, पीपल के पेड़ के नीचे, पेड़ और झाड़ियों को काट कर थोड़ी सी जगह साफ की हुई थी। उस साफ जगह के मध्य में आग जल रही थी। आग के चारों ओर अजीब प्रकार की वस्तुएं रखी हुई थीं। एक थाली में कुछ नींबू थे, कुछ धतूरे के फूल थे, सिन्दूर था, एक चाकू था और जलती हुई धूप की बाती थी। उसके पीछे एक कुशा का आसन बिछा हुआ था। आग के दूसरी ओर पीपल के तने के सहारे एक बड़ी सी शिला थी जिस पर कोई तिलिस्मी सी मूर्ति तराशी हुई थी। सिन्दूर से लथ-पथ उस काली मूर्ति की लाल-लाल आंखें आग की रोशनी में बहुत भयानक नज़र आ रहीं थीं। मूर्ति पर रंग-बिरंगी फूल-पत्तियां चढ़ी थीं। मूर्ति के दोनों ओर लोहे के छोटे-बड़े त्रिशूल गड़े थे और उनके बीच जंग लगी लोहे की जंजीरें पड़ी थीं। अमावस्या की रात में आग की झिलमिलाती रोशनी ने समस्त वातावरण को बहुत रहस्यमयी व भयानक बनाया हुआ था।

तान्त्रिक कुशा के आसन पर बैठ गया। उसने देव को अपनी बाईं ओर जमीन पर बैठने का संकेत दिया। देव चुपचाप जमीन पर बैठ गया मगर उसका दिल एक अज्ञात भय से धड़क रहा था। देव के बैठते ही तान्त्रिक ने अपनी आंखें बन्द कर लीं और जोर से मां काली का जयकारा बुलाया "जय मां काली।"

"जय मां काली" देव ने उसके पीछे दोहराया।

"तो वत्स तुम जानना चाहते हो कि क्या इन्सान अपनी इच्छा शक्ति से जब चाहे अपनी आत्मा को अपने शरीर से अलग कर सकता है?... अपनी आत्मा को दूसरे इन्सान के शरीर में प्रवेश करवा सकता है?"

"जी महाराज।"

"इसका उत्तर है, हां। आज तुम स्वयं इसे देखोगे और इसका अनुभव करोगे।"

और इससे पहले कि देव कुछ कहता तान्त्रिक ने ऊंचे स्वर में आवाज़ लगाई "भक्त आ जाओ।"

तभी देव को पेड़ों के झुरमुट के पीछे किसी गाड़ी के दरवाज़े के खुलने और बन्द होने की आवाज़ सुनाई दी। चन्द मिनटों में पेड़ों के झुरमुट में से तीन लोग बाहर निकले और उनकी ओर बढ़ने लगे। पैंतीस-चालिस बर्ष के दो युवक, एक पतला, लम्बा-सा और एक मोटा, ठिगना-सा, आगे आगे चल रहे थे, और तीसरा पतला, लम्बा-सा युवक उनके पीछे-पीछे एक व्हील चेयर को धकेलता हुआ चला आ रहा था जिस पर एक वृद्ध निश्चल अवस्था में पड़ा था। उसकी गर्दन एक तरफ को लुड़की हुई थी।

व्हील चेयर को एक तरफ खड़ी कर तीनों लोग तान्त्रिक के दाईं ओर खड़े हो गए। उनके वहां पहुंचते ही तान्त्रिक ने अपने थैले में से मुट्ठी भर कोई भस्म जैसी चीज़ निकाली और उसे आग में डालते हुए पुनः मां काली का जयकारा बुलवाया। भस्म गिरते ही आग की एक तेज लपट उठी। पूरे वातावरण में एक अजीब सी गन्ध फैल गई।

तान्त्रिक देव से बोला "वत्स, अभी मैं तुम्हें शरीर और आत्मा का खेल दिखाऊंगा। तुम स्वयं उस खेल को खेलोगे। इसलिए आवश्यक है कि तुम पहले सम्पूर्ण स्थिति से अवगत हो जाओ। घबराना मत।"

तान्त्रिक की बात सुन कर देव सच में घबरा गया किन्तु प्रत्यक्ष में बोला "जी महाराज।"

"यह दो भाई हैं... आकाश और सुभाष" तान्त्रिक दो पतले और लम्बे युवकों की ओर इशारा करते हुए कहने लगा "और व्हील चेयर पर

पड़े बुजुर्ग… प्रकाश… इनके पिता हैं। वे मर चुके हैं। उनके पास खड़ा युवक इनका वकील है। तुम्हें प्रकाश के मृत शरीर में प्रविष्ट हो कर एक छोटा सा काम करना है और उसके तुरन्त बाद अपने शरीर में वापिस आ जाना है।''

''क्या काम महाराज?'' देव ने डरते-डरते तान्त्रिक से पूछा।

''तुम्हें प्रकाश का हस्ताक्षर करना है।''

फिर तान्त्रिक सुभाष से बोला ''भक्त, तुम इन्हें सारी बात समझा दो।''

''जी महाराज'' कह कर सुभाष देव को समझाने लगा।

''मेरे डैडी पिछले लगभग एक बर्ष से लकवे से पीड़ित थे। उनका कमर से नीचे का सम्पूर्ण भाग बिल्कुल निश्चल हो चुका था। पिछले कल उन्होंने हम दोनों भाईयों को बुला कर कहा कि उनकी ज़िन्दगी का अब कोई भरोसा नहीं। उनकी मृत्यु के पश्चात उनकी करोड़ों की सम्पत्ति के हम ही मालिक होंगे। वे चाहते थे कि यह सारी सम्पत्ति उनकी आंखों के सामने हम दोनों भाईयों में विभाजित हो जाए ताकि उनकी मृत्यु के बाद हम भाईयों में सम्पत्ति के बटवारे को ले कर कोई झगड़ा न हो। उन्होंने हमें आज वकील को ले कर आने के लिए कहा था ताकि वे अपनी इच्छा से अपनी वसीयत लिखवा सकें। आज हम इन वकील साहिब को ले कर घर आए किन्तु होनी को कुछ और ही स्वीकार था। वकील साहिब से बात करते-करते अचानक डैडी को दिल का दौरा पड़ा और उनका देहान्त हो गया।''

''ओह!'' देव के मुंह से अनायास निकला।

उसी समय तान्त्रिक ने सुभाष की बात काटी और देव से कहने लगा ''यह परिवार काफी समय से मेरा भक्त रहा है। भक्त के कष्टों का निवारण

करना मेरा फर्ज़ है और धर्म भी। इसलिए जब सुभाष ने मुझसे बात की तो मैंनें इसे बताया कि यह लोग चिन्ता न करें। सब वैसा ही होगा जैसे प्रकाश चाहता था अर्थात् वकील के सामने ही प्रकाश अपनी वसीयत पर हस्ताक्षर करेगा।"

"किन्तु ऐसा कैसे सम्भव होगा?" सुभाष ने शंका प्रकट करते हुए मुझ से पूछा था "उनके डैडी की तो मौत हो चुकी थी।" मगर मैंनें उसे समझाया था कि मैं अपनी शक्ति से कुछ पल के लिए इनके डैडी को जिन्दा कर दूंगा और सुभाष वकील के सामने अपने डैडी के हस्ताक्षर ले लेगा। वकील भी मोटी फीस के एवज़ में इस काम के लिए तैयार हो गया था। अब मुझे ऐसे इन्सान की तलाश थी जो इस कार्य में हमारा साथ देता। सौभाग्य से तभी मुझे अपनी दिव्य दृष्टि से पता चला कि तुम शरीर और आत्मा का खेल जानने की इच्छा से मां काली के चरणों में ध्यान मग्न बैठे हो। मैंनें सोचा कि यदि तुम चाहो और हमारा साथ दो तो तुम्हारे दिल की इच्छा भी पूरी हो जाएगी और इनका काम भी हो जाएगा।"

तान्त्रिक की बात सुन कर देव को संशय हुआ कि कहीं वह तान्त्रिक उसे किसी षड़यन्त्र में तो नहीं फंसा रहा? उसने अपना संशय प्रकट किया।

"पिता की मृत्यु के बाद सारी प्रापर्टी इन दोनों भाइयों के नाम ही तो होनी है। हस्ताक्षर का तो कोई मतलब ही नहीं।"

"ठीक कहते हो तुम" सुभाष ने कहा "किन्तु हम सोच रहे हैं कि यदि कोर्ट-कचैहरी में अधिक मामला उछालने की बजाय आराम से काम हो जाए तो अच्छा है। वैसे भी इसमें कोई हेरा-फेरी तो है नहीं। हम दोनों भाई इस के लिए सहमत हैं।"

सुभाष के तर्क ने देव की सोच बदल दी। सब कुछ भाईयों की आपसी सहमति से ही तो हो रहा था और वह भी वकील के सामने। यदि वह इनका साथ दे देता है तो इनका काम हो जाएगा और उसकी आत्मा और शरीर के खेल की इच्छा भी पूरी हो जाएगी। यह सोच कर देव ने उस तान्त्रिक को उनका साथ देने के लिए हामी भर दी।

देव की स्वीकृति पा कर सब के चेहरे खिल गए। तान्त्रिक ने तुरन्त अपना कार्य आरम्भ कर दिया। प्रकाश के मृत शरीर के साथ व्हील चेयर को तान्त्रिक ने अपने बिल्कुल पास दाईं तरफ खड़ा कर लिया। उसके आगे, आग के गिर्द, कतार में बड़ा बेटा आकाश, छोटा बेटा सुभाष और वकील जमीन पर बैठ गए। उसने सब को आंख बन्द कर लेने को कहा। आंख तो देव ने भी बन्द कर ली थी मगर फिर भी वह कनखियों से तान्त्रिक की हरकतें देखता रहा।

तान्त्रिक ने अपने थैले में से एक लम्बी सी हड्डी निकाल कर थाली में रख ली। फिर एक नीम्बू को चाकू से काटा। नीम्बू के एक हिस्से पर उसने राख मली और दूसरे हिस्से पर सिन्दूर। फिर दाएं हाथ से राख वाला नीम्बू जलती हुई आग के गिर्द निचोड़ते हुए बाएं हाथ में पकड़ी हड्डी जोर-जोर से जमीन पर पटकने लगा। साथ-साथ वह अजीब-सा मन्त्रोच्चारण भी कर रहा था। कुछ देर बाद उसने यही क्रिया सिन्दूर वाले नीम्बू के साथ भी दोहराई। तदोपरान्त उसने थैले में से भस्म जैसी कोई चीज़ निकाल कर दो-तीन मुट्ठियां आग में डालीं। भस्म डालते ही आग की तेज लपटें उठीं। तान्त्रिक ने पुनः ऊंची आवाज़ में मां काली का जयकारा बुलाया। पास बैठे चारों लोगों ने आंखें बन्द किए हुए ही तान्त्रिक के पीछे जयकारा दोहराया। फिर तान्त्रिक ने मन्त्रोच्चारण के

साथ दाएं हाथ में पकड़ी हड्डी मृत प्रकाश के सिर पर रखी और अपना बायां हाथ देव के सिर पर रखा। मन्त्रोच्चारण जारी रहा।

तान्त्रिक का सिर पर हाथ रखना ही था कि देव का सिर एकदम चकरा गया। आंखों के आगे अंधेरा-सा छाने लगा। अंधेरे में उसे नीले-पीले, रंग-बिरंगे चमकीले सितारे से दिखाई देने लगे। उसका दिमाग चेतना शून्य होता जा रहा था। फिर उसके कानों में तान्त्रिक की आदेश भरी आवाज़ गूंजने लगी "तुम्हें कुछ पल के लिए अपना शरीर त्याग कर प्रकाश के शरीर में प्रवेश करना है।"

"जी महाराज" अब देव पूरी तरह से तान्त्रिक के वश में था।

"तुम तैयार हो?"

"जी महाराज।"

तभी देव को एक तेज झटका लगा और वह अपने शरीर से अलग हो कर एक परछाई की तरह हवा में तैरने लगा। हवा में तैरते हुए उसने धरती पर निश्चल पड़े अपने शरीर को देखा। फिर यकायक वह प्रकाश के शरीर में प्रवेश कर गया। प्रकाश का मृत शरीर जीवित हो उठा।

प्रकाश के मृत शरीर में हरकत होते ही तान्त्रिक ने सुभाष से कहा कि वह तुरन्त सम्पत्ति के कागज़ों पर अपने डैडी के हस्ताक्षर ले ले। वह बहुत देर तक देव की आत्मा को प्रकाश के शरीर में नहीं रख सकता। अन्यथा देव का अपने शरीर में वापिस लौटना मुश्किल हो जाएगा।

वकील ने तुरन्त अपने कोट की जेब से कुछ कागज़ निकाल कर सुभाष को दिए। सुभाष कागज़ ले कर डैडी से बोला "डैडी यह आपकी सम्पत्ति की वसीयत के कागज़ात हैं। आप जैसा चाहते थे हमने वैसे ही

सारी सम्पत्ति आपसी सहमति से आधी-आधी बांट ली है। हम में सम्पत्ति को ले कर कोई झगड़ा नहीं। क्यों आकाश?”

“जी हां डैडी जी” बड़े भाई आकाश ने तुरन्त हामी भर दी।

तभी सुभाष ने वसीयत के कागज़ और पैन अपने डैडी की ओर बढ़ाते हुए कहा “डैडी आप इस वसीयत पर अपने हस्ताक्षर कर दीजिए।”

प्रकाश के शरीर में घुसे हुए देव ने कांपते हाथों से उन कागज़ों पर हस्ताक्षर कर दिए। वकील ने हस्ताक्षर करते हुए प्रकाश की तस्वीर अपने मोबाइल में कैद कर ली। कागज़ों पर हस्ताक्षर होते ही तान्त्रिक सुभाष से बोला “तुम्हारा काम हो गया। अब तुम अपने वायदे के अनुसार मेरा हिस्सा मुझे दे दो... एक लाख रूपये नगद।”

“अभी लो” यह कहते हुए सुभाष ने तुरन्त अपनी जेब से एक साइलेंसर-युक्त पिस्तौल निकाली और एक गोली तान्त्रिक पर दाग दी। तान्त्रिक वहीं ढेर हो गया। दूसरी गोली उसने अपने बड़े भाई आकाश पर दागी “यह तुम्हारा हिस्सा भईया।” आकाश भी जमीन पर गिर गया।

प्रकाश सुभाष के इस व्यवहार को देख कर भौचक्का रह गया।

“यह तुमने क्या किया?” वह बोला।

“और क्या करता डैडी? तान्त्रिक को यूं ही एक लाख रूपये दे देता?... और आकाश? वह आपका मुश्किल से कमाया हुआ पैसा अपने दोस्तों के साथ अय्याशी में उड़ा देता। मैं आपके पैसे की बर्बादी नहीं देख सकता था डैडी।”

सुभाष के इस अप्रत्याशित व्यवहार को देख कर वकील बुरी तरह से घबरा गया था। वह तुरन्त पेड़ों के झुरमुट की ओर भागा।

"तुम कहां भागते हो वकील बाबू? अपनी फीस नहीं लोगे?" यह कहते हुए सुभाष ने वकील पर दो गोलियां दाग दीं। "तुमने तो सब कुछ देखा है। तुम्हारा मरना तो अति आवश्यक है।"

वकील के गले से चीख निकली। वह झाड़ियों में गिर पड़ा।

"पागल हो गए हो तुम?" प्रकाश गुस्से में चीखा।

"पागल नहीं अकलमन्द हो गया हूं डैडी। आपका बेटा हूं न। बिजनेस करना सीख गया हूं।"

"खाक सीखे हो बिजनेस। तुम्हें तो फांसी होगी।"

"कौन देगा मुझे फांसी? क्या सबूत है कि मैनें तान्त्रिक और आकाश को मारा है? पुलिस को यहां दो लाशें मिलेंगी… तान्त्रिक और आकाश की। मैं पुलिस को बताऊंगा कि आकाश का अपने ससुराल वालों के साथ दहेज को ले कर झगड़ा चल रहा है। केस कोर्ट में लगा हुआ है। आकाश ने किसी काले जादू के चक्कर में इस तान्त्रिक से कोई अनुष्ठान करवाया होगा। हो सकता है इसकी भनक इसके ससुराल वालों को लग गई हो और उनमें से कोई इनका पीछा करता हुआ यहां पर आया हो और उसने इन दोनों का खून कर दिया हो। उस वकील की लाश मैं कहीं पर ठिकाने लगा दूंगा। बस तुम अपना मुंह बन्द रखना।"

"कदापि नहीं। मैं तो स्वयं तुम्हारे विरुद्ध गवाही दूंगा।"

"अच्छा तो तुम दोगे मेरे विरुद्ध गवाही। तुम तो पहले ही मर चुके हो। एक बार फिर मरना चाहते हो तो मरो। तुम दुनिया में पहले ऐसे शख्स बनोगे जो एक जीवन में दो बार मरा हो।" यह कहते हुए सुभाष ने प्रकाश पर भी गोली दाग दी। गोली प्रकाश के बाएं कन्धे पर लगी। वह व्हील चेयर से लुड़क कर नीचे गिर पड़ा।

बिस्तर पर लेटे हुए देव के मुंह से चीख सुन कर पास लेटी उसकी पत्नी हड़बड़ा कर उठ बैठी। देव की भी आंख खुल गई। वह भी एकदम उठ कर बिस्तर पर बैठ गया। उसके चेहरे पर घबराहट के लक्षण थे।

"क्या हुआ? कोई भयानक सपना देख लिया?" पत्नी ने पूछा।

"सपना?" देव ने अपने चेहरे पर हाथ घुमाया। वह पसीने से तर था। "हां... शायद सपना ही था।"

"पानी पी लो और सो जाओ। रात का एक बज रहा है।... सोते समय उल्टी-सीधी किताबें पढ़ते रहते हो। उसी का नतीजा है यह।"

देव ने कोई प्रतिक्रिया नहीं दी। एक घूंट पानी पिया और पुनः लेट गया। वह लेट तो गया मगर नींद उसकी आंखों से कोसों दूर थी। उसे बाएं कन्धे में, जहां पर प्रकाश को गोली लगी थी, तीव्र पीड़ा का अहसास होने लगा। तो क्या यह सपना न हो कर हकीकत थी, वह सोचने लगा। मगर हकीकत भी कैसे हो सकती है? वह तो अपने घर में है, अपने बिस्तर पर लेटा हुआ। फिर वह घटनास्थल पर कैसे हो सकता था? वह एक समय में दो जगहों पर कैसे हो सकता था? फिर उसके बाएं कन्धे पर किसी गोली या चोट का निशान भी नहीं। यदि नहीं तो उसके कन्धे में, ठीक उसी जगह पर जहां प्रकाश को गोली लगी थी, दर्द क्यों होने लगा था?

देव रात को काफी देर तक उपन्यास पढ़ता रहा था। दरअसल उसे सोते समय पढ़ने की आदत थी। आजकल वह 'दूसरा शरीर' शीर्षक से एक ऐसा उपन्यास पढ़ रहा था जिसकी कहानी एक तान्त्रिक के गिर्द घूमती थी। उस तान्त्रिक ने अपनी तीव्र इच्छा-शक्ति, तप और साधना से ऐसी शक्तियां प्राप्त की हुई थीं जिससे वह जब चाहे अपनी आत्मा को

अपने शरीर से अलग कर सकता था। यदि चाहे तो अपनी आत्मा को किसी दूसरे शरीर में भी प्रवेश करवा सकता था। यही काम वह किसी दूसरे व्यक्ति से भी करवा सकता था। उसका कहना है कि हर इन्सान में ऐसी शक्तियां पाने की ताकत है। इस कहानी ने देव को सोचने पर मजबूर कर दिया था कि क्या वास्तव में ऐसा सम्भव है? कैसे हो सकता है कि एक इन्सान अपने शरीर से अलग हो कर जिन्दा रहे? एक आत्मा अपना शरीर त्याग कर दूसरे शरीर में प्रवेश कर जाए? नहीं, ऐसा सम्भव नहीं। यह केवल एक कहानी है, कोरी कल्पना है, और यदि सच में ऐसा सम्भव है तो यह बहुत विचित्र और दिलचस्प है। वह ऐसी शक्तियों के रहस्य को अवश्य जानना और सीखना चाहेगा। मगर कैसे? कौन सिखाएगा उसे? तीव्र और दृढ़ इच्छा-शक्ति, तप और साधना तो ठीक है मगर कोई राह दिखाने वाला भी तो चाहिए। ढूंढना होगा उस शख्स को।... इसी उधेड़बुन में देव को नींद आ गई थी।

उसे इतना तो याद था कि वह मां काली के मन्दिर में ध्यान लगा कर बैठा था जब तान्त्रिक ने उसे आत्मा और शरीर का ज्ञान समझाने हेतु मन्दिर के प्रांगण में आने के लिए कहा था और वह चुपचाप उठ कर उसके पीछे पीछे चला गया था, मगर उसे यह याद नहीं था कि वह उस मन्दिर तक पहुंचा कैसे। वह मन्दिर है कहां? कहीं उसका मन्दिर में जाना, वहां मां काली के चरणों में ध्यान लगा कर बैठना, प्रकाश के मृत शरीर में प्रवेश करना, प्रकाश के छोटे बेटे द्वारा चार लोगों पर गोली चलाना इत्यादि सब एक सपना तो नहीं था? यदि यह एक सपना था तो उसके कन्धे में ठीक उस जगह जहां पर प्रकाश को गोली लगी थी उसे दर्द क्यों हो रहा था?

उसे पूरी तरह याद था कि प्रकाश को कन्धे में गोली लगी थी। गोली लगते ही प्रकाश व्हील चेयर से नीचे गिर गया था। ठीक उसी समय उसकी आत्मा ने प्रकाश के शरीर को त्याग कर वापिस अपने शरीर में प्रवेश पा लिया था। लेकिन तब तक तान्त्रिक मर चुका था। तो क्या वह अपनी इच्छा-शक्ति द्वारा ही प्रकाश को गोली लगने के तुरन्त बाद वापिस अपने शरीर में प्रवेश कर पाया था? उसे गोली लगना, फिर उसकी आत्मा का प्रकाश के शरीर को त्याग कर वापिस अपने शरीर में प्रवेश पाना और गोली के दर्द से उसके मुंह से चीख निकलना, उसने सोचा, सब पलक झपकते ही हो गया होगा। यह कैसा तिलिस्म था? क्या ऐसा वास्तव में हुआ था? क्या ऐसा होना सम्भव है? ओह माई गॉड!... यह सोच-सोच कर देव का सिर चकराने लगा।

अगली सुबह जब वह उठा, उसका सिर बहुत भारी था। कानों के पीछे तेज दर्द हो रहा था। दिन भर वह गुमसुम रात की घटना के बारे में सोचता रहा। मगर इस बात का ज़िकर उसने किसी से नहीं किया। एक बार तो उसके मन में आया भी कि वह अपनी पत्नी से बात करे या अपने मित्र बुद्धिजीवि से बात करे, किन्तु अगले ही क्षण उसने यह विचार त्याग दिया यह सोच कर कि वे उसकी बात पर विश्वास क्यों करेंगे। यदि कोई दूसरा व्यक्ति उस से यही बात करता तो क्या वह इस बात पर विश्वास कर लेता?... इसी उधेड़बुन में उसका सारा दिन निकल गया। उसे अपेक्षाकृत खामोश व गुमसुम देख कर उसकी पत्नी ने उससे पूछा भी था मगर उसने बहुत चतुराई से बात टाल दी थी।

रात को सोते समय वह आदतन उपन्यास पढ़ने लगा, किन्तु आज बहुत कोशिश करने पर भी वह उसमें ध्यान केन्द्रित नहीं कर पा रहा था। रह-रह कर उसके दिमाग में पिछली रात की घटना ताज़ा हो रही थी।

उसने उपन्यास बन्द किया और सोने का उपक्रम करने लगा। लेकिन तभी उसे एक नई चिन्ता सताने लगी कि कहीं आज भी वह किसी ऐसे ही सपने में किसी वास्तविक घटना का शिकार न हो जाए। इसी चिन्ता में उसकी पूरी रात करवटें बदलते ही निकल गई।

अगले दिन प्रातः जब देव नाश्ता कर रहा था उसका छोटा भाई राज समाचार पत्र पढ़ता हुआ कमरे में दाखिल हुआ। अपने भाई को देख कर राज बोला "भाई, आजकल दुनिया को पता नहीं क्या हो गया है।"

"क्यों, क्या हो गया दुनिया को?" देव ने पूछा।

"अखबार में एक खबर छपी है कि एक बेटे ने सम्पत्ति की खातिर अपने बड़े भाई और अपने बाप को गोली मार दी। बेटा घटनास्थल पर ही पकड़ा गया।"

"क्या?" खबर सुनते ही देव चौंक पड़ा। अचानक उसके मुंह से निकला "और तान्त्रिक का क्या हुआ?"

"घटनास्थल पर एक तान्त्रिक की भी लाश मिली जिसका खून भी उसी शख्स ने किया था।… मगर भाई, तान्त्रिक के बारे में आपको कैसे मालूम?"

किन्तु देव ने उसकी बात अनसुनी करते हुए पूछा "और चौथी लाश?… सुभाष ने तो वकील का भी खून कर दिया था।"

"वकील मरा नहीं था। गोली उसकी टांग में लगी थी। उसी ने तो तुरन्त मोबाइल फोन से पुलिस को सूचना दे कर घटनास्थल पर बुलाया था। इससे पहले कि कातिल वहां से भाग जाता, पुलिस घटनास्थल पर पहुंच गई थी।… मगर आपको यह सब कैसे मालूम?"

“क्योंकि मैं स्वयं घटनास्थल पर मौजूद था।”

“क्या? आप स्वयं घटनास्थल पर मौजूद थे?” अब चौंकने की बारी राज की थी। “यह आप क्या कह रहे हैं भैया? आप तो यहां थे... घर पर... सो रहे थे!”

“नहीं, मैं घटनास्थल पर ही था। सुभाष ने गोली मुझे ही यानि कि अपने बाप को मारी थी... यहां, कन्धे में।”

“क्या कह रहे हैं आप? मेरी तो कुछ समझ में नहीं आ रहा।”

“मैं सही कह रहा हूं।”

इसी बीच देव की पत्नी भी वहां आ गई थी। देव कह रहा था “जब यह खून हुए मैं वहीं घटनास्थल पर मौजूद था। परन्तु ऐसा सम्भव कैसे हुआ, मैं नहीं जानता। मैं एक ही समय में दो जगह पर कैसे उपस्थित था इस प्रश्न का मेरे पास कोई उत्तर नहीं।”

फिर देव ने रात की पूरी घटना सिलसिलेवार अपनी पत्नी और छोटे भाई राज को सुना दी। वे आश्चर्यचकित देव की कहानी सुनते रहे। किसी की भी समझ में नहीं आ रहा था कि देव सपने में उस स्थल पर कैसे पहुंच गया जहां हकीकत में अपराध हुआ था।... देव के कन्धे में, जहां उसे गोली लगी थी, पुनः दर्द उभरने लगा था। देव की पत्नी कुछ देर खामोश रही। फिर वह बेड-रूम से उपन्यास उठा लाई और उसे रद्दी की टोकरी में फैंक दिया। देव चुपचाप अपनी पत्नी को ऐसा करते हुए देखता रहा।

8

ग्रह-चक्र

ज म्मू के रघुनाथ बाज़ार में टहलते हुए अचानक मेरी नज़र नित्यानन्द भण्डारी पर पड़ी। उसे अचानक वहां देखकर मुझे बहुत आश्चर्य हुआ था।

"नित्य तुम?… यहां?"

"ओह, शर्मा जी?" मुझे सामने पा कर वह भी कुछ ठिठका था।

"जम्मू कैसे आना हुआ?" मैनें पूछा।

"मुझे जीवन लाल शास्त्री जी से कुछ काम है।… जानते हो न उन्हें?"

"हां हां, क्यों नहीं।… फोन कर दिया होता?"

"दरअसल सब कुछ अचानक ही हो गया।"

"ऐसा क्या हुआ? सब कुशल तो है?"

"हां, घर में सब कुशल है। मुझे अपने काम के सिलसिले में शास्त्री जी से कुछ सलाह मशवरा करना था।"

"फिर ग्रह-चक्र?"

"कुछ ऐसा ही समझो।"

"चलो कहीं बैठ कर चाय-काफी पीते हैं।"

"नहीं, इस समय नहीं। थोड़ा जल्दी में हूं। मैं तो यहां श्री रघुनाथ जी के दर्शन करने आया था।"

"कोई बात नहीं। शाम को घर पर आ जाओ। वहीं बैठ कर पुराने दिन ताज़ा करेंगे।"

"शाम को?" फिर कुछ सोच कर बोला "ठीक है, किन्तु पांच साढ़े-पांच के आसपास ही आ पाऊंगा। छ: भी बज सकते हैं।"

"आप सात बजे आईए जनाब। तुम्हारा अपना घर है। वैसे, रुके कहां हो?"

"शास्त्री जी के घर पर ही। पुरानी जान-पहचान है उनसे... तुम तो जानते ही हो। उनकी सख्त हिदायत है कि मैं जब भी जम्मू आऊं, उन्हीं के घर पर रुकूं।"

"परन्तु तुम तो कह रहे हो कि तुम्हें शास्त्री जी से मिलना है।"

"सुनो तो सही" नित्यानन्द बोला "मुझे शास्त्री जी से पिछले कल मिलना था और मैं शाम को उनके घर पहुंच भी गया था। किन्तु मैं उनसे मिल नहीं पाया क्योंकि मेरे पहुंचने से पहले ही अचानक उन्हें उधमपुर जाना पड़ा। उनके किसी नज़दीकी रिश्तेदार का देहान्त हो गया था।"

"ओह"

"भाभी जी ने बताया कि मुझे एक दिन रुकना पड़ेगा। मैंने इस अवसर का लाभ उठाया। सामान उनके घर रखा और रात को माता वैष्णों देवी

जी के दर्शन के लिए निकल गया। इस समय मैं कटरा से ही आ रहा हूं। सोचा, चलते-चलते श्री रघुनाथ जी के भी दर्शन करता चलूं।"

"तुम आए कहां से हो?... मेरा मतलब है सोलन से या पालमपुर से?"

"सोलन से।... पालमपुर जा रहा हूं। दीपा आजकल पालमपुर में ही है, मम्मी के साथ।"

"परन्तु माता जी तो तुम्हारे साथ ही रहती हैं न... सोलन में।"

"हां, कुछ दिन पहले ही पालमपुर आई हैं, या यूं कहूं कि उन्हें पालमपुर आना पड़ा।"

"तुम अवश्य कुछ छुपा रहे हो मुझसे। जलेबी मत पकाओ, खुल कर बताओ।"

"अभी नहीं। शाम को सविस्तार सुनाऊंगा तुम्हें।"

"ठीक है, जैसी तुम्हारी इच्छा। शाम को चाय पर तुम्हारी प्रतीक्षा रहेगी।"

नित्यानन्द चला गया। मैंने घर आकर अपनी पत्नी सुधा को सुनाया कि मैंने नित्यानन्द भण्डारी को शाम की चाय पर घर बुलाया है।

"कौन नित्यानन्द भण्डारी?" सुधा ने पूछा।

"मेरा कालेज समय का मित्र है" मैंने बताया "तुमसे इसके बारे में पहले कभी बात नहीं हुई क्या?"

"तुम कहां हर बात करते हो मुझसे" सुधा बोली।

''छुपाता भी तो नहीं'' मैनें कहा ''बड़ा दिलचस्प चरित्र है यह नित्यानन्द भण्डारी।''

''अच्छा जी! ऐसी क्या विशेषता है भण्डारी भाई साहिब में, हम भी तो सुनें?''

फिर मैं सोफे से पीठ टिकाए अपनी पत्नी को भण्डारी की जीवन गाथा सुनाने लगा।

नित्यानन्द भण्डारी कालेज में मेरा सहपाठी था। बचपन से ही उसे धर्म-कर्म, शुभ-अशुभ, ग्रह-नक्षत्र इत्यादि में बहुत विश्वास था... विश्वास क्या अन्धविश्वास था। यह संस्कार उसे अपने पिता श्री से मिले थे। उसके पिता परमानन्द भण्डारी कभी कोई कार्य पंचाग को बिना देखे नहीं करते थे। कहीं जाना हो तो दिशा शूल, कोई कार्य करना हो तो राहू काल, किसी नए कार्य का श्री गणेश करना हो तो उचित महूर्त। किस दिन क्या खाना है, कौन सा रंग पहनना है, कौन सा काम नहीं करना है, यह सब कुछ उनकी जन्म-राशी तय करती थी। शुभ-अशुभ, ग्रह-नक्षत्र सदा उनकी चर्चा के विषय रहते थे। उनके हाथों की दसों उंगलियां नगीना-जड़ित अंगूठियों से सुसज्जित रहती थीं। प्रातः घंटा-सवा घंटा पूजा करना उनकी दिनचर्या का विशेष हिस्सा था। मनोहर लाल शास्त्री जी... जीवन लाल शास्त्री के पिता श्री... उनके पुरोहित थे। परमानन्द जी का कोई भी कार्य उनकी सलाह के बिना सम्पन्न नहीं होता था।

परमानन्द जी जीवन से बहुत सन्तुष्ट थे। परम सुखी थे। इसका सम्पूर्ण श्रेय वे अपने संस्कारों को देते थे। इसलिए वे चाहते थे कि ये संस्कार उनके दोनों बेटे भी अपनाएं।

उनका छोटा बेटा नित्यानन्द तो उनके नक्शे-कदम पर चल निकला, मगर उनके बड़े बेटे सर्वानन्द की सोच उनसे पूर्णतयः भिन्न थी। वह ग्रह-नक्षत्र की बजाए मेहनत और लगन पर अधिक विश्वास करता था। उसके विचार में सब दिन-वार ग्रह-नक्षत्र भगवान के ही बनाए हुए हैं और वे सब इन्सान के लिए शुभ हैं। शुभ-अशुभ किसी ग्रह नक्षत्र या राशी पर नहीं अपितु इन्सान के अपने संकल्प, निष्ठा, कर्म और आचार-व्यवहार पर निर्भर करते हैं। इन्सान चाहे तो शुभ को अशुभ और अशुभ को शुभ बना सकता है। विचारों के इसी विरोधाभास के चलते पिता और बड़े पुत्र में कम ही बनती थी।

जब सर्वानन्द के कालेज जाने का समय आया तो परमानन्द जी ने उसकी जन्म-कुण्डली मनोहर लाल शास्त्री जी की गोद में रख दी थी। शास्त्री जी ने जन्म-कुण्डली पढ़ी थी। समय लगा कर उसके ग्रह और नक्षत्रों की गणना की थी और उसके आधार पर सर्वानन्द को कामर्स विषय के अध्ययन की सलाह दी थी। अब क्योंकि शास्त्री जी का आदेश था, इसलिए पिता जी चाहते थे कि सर्वानन्द कामर्स की ही पढ़ाई करे। किन्तु सर्वानन्द को कामर्स में कोई रुची नहीं थी। वह तो भौतिक शास्त्र पढ़ना चाहता था। एक रोबोट विज्ञानी बनना चाहता था। शास्त्री जी की अनुपस्थिति में पिता-पुत्र में खूब तर्क-वितर्क हुआ था। दोनों अपने अपने मत पर अडिग थे। स्थिति को नाज़ुक मोड़ लेते देख सर्वानन्द की माता श्री को इस वाद-विवाद में कूदना पड़ा था। उन्होंने निःसंकोच अपने बेटे का पक्ष रखा था। अतः न चाहते हुए भी पिता श्री को सर्वानन्द को भौतिक शास्त्र के अध्ययन की अनुमति देनी पड़ी थी।

सर्वानन्द खुश था। उसने बहुत लगन और मेहनत से पढ़ाई की। प्रथम डिविज़न में डिग्री पास की। उसकी प्रतिभा, डिविज़न और अंकों के आधार पर उसे उच्च शिक्षा के लिए अमेरिका में दाखिला भी मिल गया और छात्रवृत्ति भी। उसने वहीं पर एक भारतीय मूल की सिन्धी लड़की से शादी कर ली जो उसी की प्रयोगशाला में शोध कर रही थी।... आज वे दोनों जर्मनी में माने हुए वैज्ञानिक हैं।

नित्यानन्द के कालेज जाने का समय आया तो परमानन्द जी ने उसकी जन्म-कुण्डली भी मनोहर लाल शास्त्री जी की गोद में रख दी। शास्त्री जी ने उसके ग्रह-नक्षत्र देख कर उसे विज्ञान के विषय पढ़ने की सलाह दी जो उसने खिन्न मन से मान भी ली, क्योंकि उसके संस्कार उसे पिता श्री या शास्त्री जी की अवज्ञा की अनुमति नहीं देते थे। हालांकि वास्तुस्थिति यह थी कि वह गणित में कमजोर था और भौतिक शास्त्र में उसकी कोई रुची नहीं थी। पिता श्री एक तरफ तो नित्यानन्द से बहुत खुश थे क्योंकि उसने बिना किसी आनाकानी और तर्क-वितर्क के उनकी बात मान ली थी, किन्तु दूसरी तरफ वे मन ही मन दुखी भी थे क्योंकि नित्यानन्द की जन्म-कुण्डली पढ़ते हुए शास्त्री जी ने नित्यानन्द के सामने स्पष्ट शब्दों में कह दिया था कि सरकारी नौकरी नित्यानन्द के भाग्य में नहीं थी।

“गलत... बहुत गलत बात” सुधा ने बात काटते हुए कहा “शास्त्री जी को नित्यानन्द के सामने यह बात नहीं कहनी चाहिए थी। इससे बच्चे का दिल टूट जाता है।”

“सुनो तो सही” मैनें बात आगे बढ़ाई “उसकी माता श्री ने भी, शास्त्री जी के जाने के बाद, अपने पति से यही बात कही थी जो तुम कह रही हो। शास्त्री जी की इस बात पर अपना रोष प्रकट किया था। उन्होंने नित्यानन्द

को समझाने की भी बहुत कोशिश की थी कि ऐसा कुछ नहीं होगा। वह दिल छोटा न करे। केवल मन लगा कर पढ़ाई करे। नौकरी उसे अवश्य मिलेगी। कर्म करने से सब कार्य सिद्ध हो जाते हैं। आत्मविश्वास और कर्म के सन्मुख ग्रह-नक्षत्र भी गौण हैं।''

''क्या माता श्री के इन शब्दों का नित्यानन्द पर कुछ असर हुआ था?''

''नित्यानन्द ने माता श्री के आदर हेतु उनके प्रवचनों को शिरोधार्य करते हुए गर्दन तो हिला दी थी मगर फिर भी ग्रह-चक्र की आशंका उसके दिल के किसी कोने में एक जोंक की तरह चिपकी रह गई थी।''

''यह तो होना ही था।''

''खैर, परमानन्द जी ने अपने बेटे के ग्रहों का कुप्रभाव कम करने के लिए शास्त्री जी से उपाय पूछा था। शास्त्री जी ने उपाय भी सुझाया था। परमानन्द जी ने वह उपाय किया। सात पण्डितों द्वारा पूजा-अर्चना और हवन का आयोजन करवाया। इक्कीस ब्राह्मणों को भोजन करवाया। माता श्री ने कई व्रत-उपवास रखे। नित्यानन्द ने भी एक के बाद एक शास्त्री जी के आदेशों का पालन किया। किन्तु शास्त्री जी की भविष्यवाणी का प्रभाव, मैं अब देख रहा हूं, पूरे तौर पर कम नहीं हो पाया था।''

''तो क्या नित्यानन्द को सरकारी नौकरी नहीं मिली?'' सुधा ने पूछा।

''सुनो तो सही। इतना अधीर क्यों हो रही हो?'' मैनें कहा ''नित्यानन्द को नौकरी मिली भी और नहीं भी। और भी बहुत कुछ हुआ, जो अभी तक हो ही रहा है।''

ग्रेजुएशन के तुरन्त बाद नित्यानन्द को सार्वजनिक निर्माण विभाग में क्लर्क की नौकरी मिल गई। लेकिन यह नौकरी उसे पसन्द नहीं आई। प्रतिदिन एक ही काम... बस फाइलों में उलझे रहो। और फिर लोग क्या कहेंगे? टी फैक्ट्री के मैनेजर का बेटा एक अदना सा बाबू! उसने पिता श्री से बात की कि उस नौकरी में उसका दिल नहीं लग रहा। वह यह नौकरी छोड़ देगा।

नित्यानन्द की बात सुन कर परमानन्द जी का चिन्तित होना निश्चित था, जो वे हुए। उन्हें मनोहर लाल शास्त्री के कहे हुए शब्द याद आने लगे थे... 'सरकारी नौकरी नित्यानन्द के भाग्य में नहीं।'... कोई तो उपाय होगा, परमानन्द जी ने सोचा। उपाय जानने के लिए तुरन्त शास्त्री जी का द्वार खटखटाया गया। शास्त्री जी ने नित्यानन्द के ग्रह-नक्षत्रों की गणना कर यह घोषणा कर दी कि नित्यानन्द को यह नौकरी तुरन्त छोड़ देनी चाहिए। उस पर मान-हानि के खतरे का प्रबल योग बन रहा है। योग इतना प्रबल है कि जरा सी भी देर हुई तो फिर कोई भी उपाय कारगर सिद्ध नहीं हो पाएगा। जोखिम लेने में बुद्धिमता नहीं। नित्यानन्द के मन की बात हुई। उसने तुरन्त नौकरी छोड़ दी।

नित्यानन्द की ग्रह शान्ति और तुरन्त एक अच्छी नौकरी पाने के लिए इक्यावन हजार का पाठ व हवन करवाने की सलाह दी गई। शास्त्री जी को मिला कर सात पण्डितों ने छः दिनों में परमानन्द जी के घर में बैठ कर पाठ और हवन सम्पन्न किए। इस उपाय के बावजूद भी नित्यानन्द को दूसरी नौकरी पाने के लिए लगभग एक बर्ष तक की प्रतीक्षा करनी पड़ी थी। शास्त्री जी के अनुसार यदि यह उपाय न किया जाता तो इतने समय में नौकरी का मिलना लगभग असम्भव था।

नित्यानन्द को अम्बाला में एक निजि 'साईंटिफिक इन्स्ट्रमेन्ट्स कम्पनी' में 'सेल्ज़ रिप्रेसेंटेटिव' की नौकरी मिल गई। इस नौकरी में टूरिंग बहुत थी। उसे काम के सिलसिले में हर महीने तीन राज्यों… हरियाणा, पंजाब और हिमाचल… में घूमना पड़ता था। उसके एक महीने में कम से कम बीस दिन टूरिंग में ही निकल जाते थे।

अत्यधिक टूरिंग ने उसके स्वास्थ्य पर प्रतिकूल प्रभाव डालना आरम्भ कर दिया। प्रतिदिन होटल और ढाबों का खाना, वह भी टाइम-बेटाइम, उसे रास नहीं आया। कभी पेट खराब तो कभी एसिडिटी, कभी सिर दर्द तो कभी बुखार। चेहरे पर काम की थकान दिखने लगी थी। माता श्री उसकी सेहत को लेकर अत्यधिक चिन्तित रहने लगीं थीं। जब उनसे नहीं रहा गया तो उन्होंने स्वयं ही नित्यानन्द को यह नौकरी छोड़ देने के लिए कहा। पिता श्री उसके नौकरी छोड़ने के हक में नहीं थे। उनका कहना था कि जब तक उसे कोई दूसरी मनपसन्द की नौकरी नहीं मिल जाती, उसे अपनी यह नौकरी नहीं छोड़नी चाहिए। नित्यानन्द ने पिता श्री की बात मान ली।

सोलन में नित्यानन्द की कम्पनी के तीन वितरक थे। उनमें से 'हरी ओम साइंटिफिकस' के यहां उसका काफी उठना बैठना था। एक दिन बातों ही बातों में गुप्ता जी ने, जो इस दुकान के मालिक थे, नित्यानन्द को बताया कि उन दिनों 'हरी ओम साइंटिफिकस' का काम कुछ ठीक नहीं चल रहा था। उनका काफी पैसा बाजार में फंसा हुआ था जो वापिस नहीं आ रहा था। परिणामस्वरूप कम्पनियों का उधार उनके सिर पर बोझ की तरह लदता जा रहा था और उन्हें बेचने के लिए नया सामान खरीदने में मुश्किल भी हो रही थी। इसलिए वे सोच रहे थे कि क्यों न अपनी

दुकान का आधा हिस्सा वे किराए पर दे दें और दूसरे हिस्से में स्वयं काम करते रहें।

नित्यानन्द का माथा ठनका। उसने सोचा कि क्यों न वह ही गुप्ता जी की आधी दुकान किराए पर ले ले और अपना काम आरम्भ कर दे। यह बात उसने अपने पिता श्री से की। वे मान गए। उन्होंने तुरन्त मनोहर लाल शास्त्री जी से विचार-विमर्श किया।

"नित्यानन्द को कौन सा काम लाभकारी रहेगा?" पिता श्री ने शास्त्री जी से पूछा था।

"इसके मौजूदा ग्रहों के अनुसार" शास्त्री जी ने नित्यानन्द की जन्म-कुण्डली पढ़ते हुए कहा "इसे बिजली से सम्बन्धित काम करना चाहिए।"

नित्यानन्द ने दुकान किराए पर ले ली और 'भण्डारी इलेक्ट्रिकल्ज़' के नाम से काम आरम्भ कर दिया। इस दुकान पर उसने बिजली का सामान, पंखे, एसी, टीवी, फ्रिज इत्यादि रख लिए। धीरे-धीरे काम चल निकला।

इसी बीच मनोहर लाल शास्त्री के बेटे जीवन लाल ने शास्त्री की डिग्री पास कर ली थी। कुछ समय तक वह नौकरी की तलाश में लगा रहा। जब उसे नौकरी नहीं मिली तो उसने अपने पिता जी के साथ अपने पैतृक शहर जम्मू में ही, जहां उसके पिता जी का पहले से ही काफी नाम था, ज्योतिष कार्यालय खोल लिया। इसके साथ ही उसके पिता मनोहर लाल शास्त्री जी पालमपुर से अपने घर जम्मू वापिस लौट आए। पिता-पुत्र का ज्योतिष कार्यालय बहुत बढ़िया चलने लगा।

इसी बीच नित्यानन्द की शादी कांगड़ा में हो गई। उसके ससुर का किरयाने का थोक का काम था। नित्यानन्द अपनी पत्नी के साथ सोलन में रहने लगा। अब वह अपने काम से सन्तुष्ट था।

कुछ समय उपरान्त परमानन्द जी हर्ट अटैक का शिकार हो गए। नित्यानन्द की माता जी घर में अकेली रह गईं। इसलिए नित्यानन्द उन्हें अपने साथ पालमपुर से सोलन ले गया और उनके पालमपुर वाले घर पर ताला लग गया।

इसी दौरान मनोहर लाल शास्त्री जी का भी देहान्त हो गया। लिहाज़ा जीवन लाल शास्त्री जी भण्डारी परिवार के ज्योतिषी बन गए। भण्डारी परिवार की तरह पालमपुर में और भी बहुत से लोग जीवन लाल शास्त्री के यजमान थे। इसलिए जम्मू आने के पश्चात भी जीवन लाल शास्त्री का पालमपुर के लोगों से रिश्ता बदस्तूर कायम रहा। शास्त्री जी बीच-बीच में पालमपुर का चक्कर लगाते रहते थे और पालमपुर से भी कई लोग शास्त्री जी से मिलने जम्मू आते रहते थे। समय बीतता रहा।

सोलन में जहां नित्यानन्द का काम फल-फूल रहा था वहीं गुप्ता जी का काम लगभग बन्द होने की कगार पर आ गया था। गुप्ता जी का बेटा भी ग्रेजुएशन करके घर लौट आया था। नौकरी कोई मिल नहीं रही थी। इसलिए मजबूर हो कर वह भी अपने पिता जी के साथ 'हरी ओम साइंटिफिकस' दुकान में काम करने लगा। लेकिन दुकान का काम दोनों के लिए पर्याप्त नहीं था। पैसे की तंगी गुप्ता परिवार के लिए चिन्ता का विषय बनी हुई थी।

नित्यानन्द के फलते-फूलते व्यवसाय को देखकर गुप्ता जी को नित्यानन्द से ईर्ष्या होने लगी थी। इसलिए पिता-पुत्र ने सोचा कि क्यों न नित्यानन्द से दुकान खाली करवा ली जाए और उसमें बिजली का ही

काम किया जाए। इस योजना के तहत उन्होंने नित्यानन्द पर दुकान खाली करने के लिए दबाव बनाना आरम्भ कर दिया। स्थानीय होने के नाते गुप्ता परिवार का पलड़ा भारी था। इसलिए न चाहते हुए भी नित्यानन्द को किराए की दुकान खाली कर देनी पड़ी।

नित्यानन्द के माथे पर एक बार पुनः परेशानी की लकीरें उभर आईं। अब वह क्या करे?... कहां जाए? बहुत कोशिश की कि कहीं आसपास ही कोई दुकान किराए पर मिल जाए, परन्तु निराशा ही हाथ लगी। बहुत भाग दौड़ के बाद उसे एक छोटी सी दुकान किराए पर मिली और वह भी शहर से लगभग बाहर। नित्यानन्द ने वहां बिजली के सामान के साथ मोबाईल्ज़ का काम आरम्भ कर दिया। धीरे-धीरे बिजली के सामान का काम घटाया और मोबाईल्ज़ का काम बढ़ा दिया। उसकी दुकान फिर चल निकली।

किन्तु देखते ही देखते मोबाईल्ज़ के कारोबार में एक बूम आ गया। आसपास मोबाईल्ज़ की दुकानों की बाढ़ सी आ गई। पढ़े-लिखे बेरोजगार युवक, विशेषकर वे जो आरक्षण की सीमा से बाहर थे और जिन्होंने कालेज में पढ़ाई कम और मोबाईल्ज़ का अध्ययन अधिक किया था, मोबाईल्ज़ की दुकानें सजा कर बैठ गए। इससे नित्यानन्द के काम को ज़बरदस्त झटका लगा। वह पुनः परेशान रहने लगा। अब क्या करे वह? क्या अपना काम बदल ले? उसे, उसने सोचा, जीवन लाल शास्त्री जी से सलाह लेनी चाहिए।

"तुम्हारी जन्म-कुण्डली बता रही है" जीवन लाल शास्त्री ने उसके ग्रहों पर विचार करते हुए कहा "कि तुम्हारे ग्रहों में जबरदस्त परिवर्तन आ रहा है। इससे तुम्हारे कारोबार पर अवश्य प्रभाव पड़ेगा।"

"तो क्या मुझे फिर से काम बदलना होगा?"

"यदि बदल लो तो अच्छा ही है।" कुछ देर शास्त्री जी ग्रह-चाल का अध्ययन करते रहे। फिर बोले "तुम्हें खाने-पीने की बस्तुओं के व्यापार में लाभ हो सकता है।"

"आपका मतलब चाय-समोसा?"

"नहीं, करियाना या सब्जी-भाजी या बेकरी इत्यादि।"

नित्यानन्द ने अपनी पत्नी से बात की। पत्नी ने उसे उसके पिता जी से सलाह लेने को कहा। नित्यानन्द के ससुर ने, जो कांगड़ा में माने हुए करियाने के थोक व्यापारी थे, नित्यानन्द को चाय, बिस्कुट और स्कवैश की एजेंसी ले दी।

समय बीतता रहा। नित्यानन्द ने खूब मेहनत की किन्तु एजेंसी का काम आशातीत गति नहीं पकड़ पाया। नित्यानन्द उस काम से सन्तुष्ट नहीं था। अन्ततः वह पुनः जीवन लाल शास्त्री से मिला। शास्त्री जी ने उसे एक बार फिर काम बदलने की सलाह दी। नित्यानन्द एक बार फिर अपना नया काम जमाने में लग गया।

इस प्रकार काल-चक्र, जिसे चलना था, चलता रहा, जन्म-कुण्डली पढ़ी जाती रही, ग्रह और नक्षत्रों की गणना होती रही और नित्यानन्द के काम बदलते रहे। चाय-बिस्कुट की एजेंसी से करियाने का काम, मिठाई की दुकान, कपड़े की दुकान और फिर 'रेडीमेड गारमेंटस' का काम।

"बेचारा तुम्हारा दोस्त!" सुधा ने अपनी लम्बी चुप्पी तोड़ते हुए कहा "तो क्या आजकल वह 'रेडीमेड गारमेंटस' का काम कर रहा है?"

"पता नहीं। काफी समय हो गया उससे मिले। पिछली बार शिमला में मिला था मुझे... लगभग दो-अढ़ाई बर्ष पहले। उसके बाद आज मुलाकात होगी शाम को। उसी से पूछेंगे कि आजकल वह क्या कर रहा है।"

"वैसे एक बात कहूं" सुधा ने कहा "बहुत दम है तुम्हारे दोस्त में। एक के बाद एक... इतने काम बदलना... बहुत हिम्मत चाहिए।"

"मरता क्या न करता मैडम। मैनें तो कई बार समझाया उसे कि वह ग्रह-नक्षत्रों का चक्र छोड़े और टिक कर काम करे। व्यापार में उतार-चढ़ाव तो आते ही रहते हैं।"

"तो तुम ग्रह-नक्षत्रों पर विश्वास नहीं करते?"

"करता हूं, मगर विश्वास... अन्धविश्वास नहीं। मैं तो भौतिक शास्त्र का विद्यार्थी रहा हूं। भौतिक शास्त्र के अनुसार इस ब्रम्हाण्ड में हर एक वस्तु जिसका अस्तित्व है, चाहे वह कितनी भी छोटी क्यों न हो और कितनी भी दूर क्यों न हो, हर दूसरी वस्तु को प्रभावित करती है। भले ही हम उस प्रभाव को अपने यन्त्रों से मापने में असमर्थ हों। कहने का भाव यह कि हमारे सौर-मण्डल में घूमते हुए तमाम पिण्ड, जिन्हें हम ग्रह कहते हैं, हमारे जीवन को प्रभावित करते हैं।"

"तो?"

"तो यह कि हम इनके प्रभाव को बदल नहीं सकते। जो होना है सो होना है। दूसरी बात, ये ग्रह स्थिर नहीं, निरन्तर गतिशील हैं। एक निश्चित गति से घूम रहे हैं और इनका स्थान निरन्तर बदल रहा है। यदि हम अपने जीवन को ग्रहों की चाल के हिसाब से चलाना आरम्भ कर दें तो हमारा

जीवन एक द्रुत गति से घूमते हुए लट्टू की तरह हो जाएगा।... और परिणाम?... नित्यानन्द की जीवन गाथा।"

"तो तुम्हारा मानना है कि यह जन्म-कुण्डली, ग्रह-नक्षत्र सब बेकार की बातें हैं?"

"नहीं, ऐसा मैनें कब कहा? यह सब बातें सही हैं किन्तु एक सीमा तक। मेरा तो यह मानना है कि हमारी निष्ठा, कर्म और आत्मविश्वास में बहुत शक्ति है। इन्सान अपनी लग्न और मेहनत से जो चाहे प्राप्त कर सकता है। उसे हर समय किसी शास्त्री या पण्डित से परामर्श लेने की आवश्यकता नहीं।"

"यह तुम्हारा अपना मन्तव्य है।"

"जी नहीं मैडम, यह मेरा ही नहीं हर बुद्धिमान इन्सान का मन्तव्य है।" मैनें अपना पक्ष साबित करते हुए कहना जारी रखा "नित्यानन्द का बड़ा भाई सर्वानन्द एक जीता जागता उदाहरण है। आज वह अन्तर्राष्ट्रीय स्तर पर एक जाना-माना सफल वैज्ञानिक है, जो उसका जुनून था। यदि उसने भी नित्यानन्द की तरह मनोहर लाल शास्त्री की बात मान ली होती और कामर्स में दाखिला ले लिया होता तो आज वह एक वैज्ञानिक न हो कर, अपनी रुची के विपरीत, किसी बैंक में क्लर्क या मैनेजर होता।"

"या चार्टेड एकाऊंटेंट होता।"

"हां होता, मगर वैज्ञानिक नहीं होता, जो उसका जुनून था। और शायद उसकी स्थिति भी आज नित्यानन्द की तरह ही होती... एक असन्तुष्ट भटकती आत्मा।... क्यों?"

मेरे इस तर्क ने शायद मेरी पत्नी को निरुत्तर कर दिया। इसलिए उसने बात बदलने की कोशिश की।

"तो क्या अब फिर नित्यानन्द अपना काम बदलना चाहता है?"

"उसकी बात से तो कुछ ऐसा ही लग रहा था। शाम को सब पता चल जाएगा। वह चाय पर तो यहां आ ही रहा है।"

शाम को लगभग साढ़े छः बजे नित्यानन्द हमारे घर पर आ गया।

"घर ढूंढने में कोई दिक्कत तो नहीं हुई" मैंने पूछा।

"नहीं, बिल्कुल नहीं। गुगल बाबा का कमाल है।" नित्यानन्द ने बताया। फिर औपचारिकताएं पूरी हुईं। सुधा से यह उसकी पहली मुलाकात थी। कुछ देर तक इधर उधर की बातें हुईं और फिर हम उसकी आज की जम्मू यात्रा के उद्देश्य पर आ गए।

"तुम अपने काम को ले कर कुछ कह रहे थे?" मैंने बात छेड़ी।

"हां… सोच रहा हूं कि अपना काम बदल लूं" नित्यानन्द ने कहा।

"क्यों, रेडीमेड गारमेंटस का काम सही नहीं चल रहा?"

"कुछ ऐसा ही समझो।"

"किन्तु पिछली बार, जब हम शिमला में मिले थे, तुमने बताया था कि तुम्हारा काम ठीक चल रहा था।"

"हां, तब ठीक ही था। किन्तु अब 'ऑन लाइन शॉपिंग' ने रेडीमेड गारमेंटस के बिज़नेस को काफी झटका दिया है। आजकल अधिकतर लोग, विशेषकर युवा पीढ़ी, ऐसी चीज़ें इन्टरनेट पर ही खरीद लेते हैं। उनको अच्छे रेट मिल जाते हैं। घर बैठे सामान मिल जाता है। हमारे जैसे छोटे-मोटे दुकानदार एमेज़ोन और फ्लिपकार्ट जैसे अन्तराष्ट्रीय व्यवसाईयों से मुकाबला नहीं कर सकते न। बची कसर को शॉपिंग

मॉलज़ ने पूरा कर दिया है। मुझे ही नहीं, बहुत से दुकानदारों को आजकल अपना बिजनेस हाथ से निकलता हुआ दिखाई दे रहा है।"

"तो अब क्या सोचा है?" मैनें पूछा।

"इसी सिलसिले में तो मैं शास्त्री जी से सलाह लेने आया था।"

"क्या कहा उन्होंने?"

"उनका कहना है कि आजकल किसी नीच ग्रह की कुदृष्टि व्यापार को प्रभावित कर रही है। इस ग्रह का असर कुछ समय तक रहेगा। अच्छा होगा कि मैं यह काम बदल लूं।"

"अब कौन सा काम करने की सलाह दी है शास्त्री जी ने?"

"दो चीज़ें बताई हैं उन्होंने। एक तो यह कि किसी पारदर्शी वस्तु का व्यापार या भूमि तत्व से जुड़ी हुई वस्तु का व्यापार उचित रहेगा।"

"अर्थात्?"

"जैसे कि कांच या क्राकरी का सामान।"

"हूं… और दूसरी बात?"

"कि सोलन की राशी मेरी राशी के शत्रु भाव में है। यदि मैं व्यापार के साथ-साथ व्यापार का स्थान भी बदल लूं तो मेरे लिए अति शुभ होगा।"

"और शुभ स्थान भी बताया होगा शास्त्री जी ने?"

"बताया न… पालमपुर। दरअसल मैनें ही पालमपुर के सम्बन्ध में पूछा था।"

"लेकिन आजतक, यदि मैं सही हूं तो, शास्त्री जी ने तुम से कभी भी तुम्हारी और सोलन की राशी में शत्रुता की बात नहीं की थी।"

"यह तो सही है।"

"फिर आज अचानक दोनों राशियों में शत्रुता कैसे उत्पन्न हो गई?"

"यही बात मैनें शास्त्री जी से पूछी थी। उनका कहना था कि दोनों राशियों में मित्रता तो पहले भी नहीं थी किन्तु पहले मेरे ग्रह इतने प्रभावी थे कि उन्होंने शत्रु राशी के प्रभाव को मेरे व्यापार पर हावी नहीं होने दिया। अब क्योंकि मुझ पर नीच ग्रहों का प्रभाव चल रहा है इसलिए शत्रु राशियों का प्रभाव भी उसमें जुड़ गया है।"

"और तुमने उनकी बात मान ली?"

"क्या करूं? और कोई चारा भी तो नहीं।"

"है क्यों नहीं? देखो नित्यानन्द, मैनें तुम्हें पहले भी कई बार समझाया कि ग्रह-नक्षत्रों पर इतना अधिक विश्वास ठीक नहीं। हर दूसरे दिन तुम अपना व्यापार बदल लेते हो। तुम ही बताओ, क्या व्यापार एक दिन में जम जाता है?"

नित्यानन्द खामोश रहा। मैनें कहना जारी रखा "हर काम को चलाने के लिए समय चाहिए। और तुम… एक काम सही ढंग से पटरी पर आता नहीं कि तुम दूसरा काम ढूंढना आरम्भ कर देते हो। ऐसे कैसे चलेगा मेरे भाई? मेरी मानों तो तुम ग्रह-चक्र छोड़ो और मन लगा कर, जो काम तुम्हें… शास्त्री जी को नहीं… तुम्हें अच्छा लगे, वह करो। इन्सान को अपने आप पर विश्वास होना चाहिए। ग्रह तो बदलते ही रहते हैं और बदलते रहेंगे। तुम कब तक ग्रहों की चाल के साथ चाल मिलाते रहोगे?… सर्वानन्द, तुम्हारा बड़ा भाई, तुम्हारे लिए एक आदर्श होना चाहिए।"

"क्या करूं शर्मा जी? कुछ समझ में नहीं आ रहा।" नित्यानन्द ने अपनी चुप्पी तोड़ी "बचपन ही से शास्त्री जी की सलाह पर चल रहा हूं। मुझे अपने आप पर विश्वास ही नहीं रहा। मुझे स्वयं निर्णय लेने में घबराहट सी महसूस होती है।"

"लेकिन तुम्हें शास्त्री जी की सलाह पर चलते हुए भी क्या मिला? एक के बाद एक… कितने काम बदल लिए तुम ने। नित्यानन्द जी, तुम अपने मन की बात सुनो और अपने निर्णय स्वयं लो। तुम्हारा आत्मविश्वास तुम्हें कभी फेल नहीं होने देगा।"

"लेकिन इस बार तो मैं स्वयं ही पालमपुर वापिस आ जाना चाहता हूं। सोलन में किराए की दुकान, किराए का घर, ऊपर से बिजली-पानी का खर्चा। कुल मिला कर प्रति माह कम से कम अठारह हजार का अतिरिक्त बोझ है। पालमपुर में हमारे अपने घर और दुकान पर ताला लगा हुआ है। पिता जी जिन्दा थे तो वे रिटायरमेंट के बाद समय काटने के उद्देश्य से दुकान खुली रखते थे। तुम तो जानते हो, वे चाय की फैक्ट्री में मैनेजर के पद से रिटायर हुए थे। उसी फैक्ट्री की चाय पत्ती का एक 'रिटेल आऊटलेट' हमारी दुकान थी। उनके देहान्त के बाद माता जी मेरे साथ सोलन आ गई। घर पर ताला लग गया। दुकान बन्द हो गई। बीच-बीच में मैं या दीपा पालमपुर जाते रहते हैं और घर और दुकान की सफाई वगैरह कर आते हैं। परन्तु यह सब प्रर्याप्त नहीं है। बन्द रहने से घर और दुकान दोनों बर्बाद हो रहे हैं। उधर हम दूसरे शहर में किराए पर बैठे हुए हैं। वहां पर काम भी कोई सन्तोषजनक नहीं। इसलिए मैं सोच रहा हूं कि क्यों न हम पालमपुर वापिस लौट आएं। इतना तो मैं पालमपुर में भी कमा लूंगा।"

"यह हुई न बात" मैं बोला।

नित्यानन्द ने एक दीर्घ श्वास छोड़ा और बोला "शर्मा जी, बचपन में ही भूल हो गई मुझसे। पिता जी के दबाव में शास्त्री जी की बात मान कर शायद गलती कर ली मैनें। विज्ञान में मेरी बिल्कुल रुची नहीं थी। कामर्स की पढ़ाई की होती तो...।"

सुधा ने, जो बहुत देर से चुप बैठी हमारी बातें सुन रही थी, नित्यानन्द की बात काटते हुए कहा "भाई साहिब, आपको पोस्ट-ग्रेजुएशन कर लेनी चाहिए थी। नॉन-मेडीकल के विद्यार्थियों के लिए नौकरी के कई विकल्प हैं... बल्कि कामर्स से भी अधिक।"

"भाभी जी आप ठीक कह रही हैं" नित्यानन्द बोला "किन्तु बचपन में शास्त्री जी की कही हुई बात, कि नौकरी मेरे भाग्य में ही नहीं थी, मेरे मन में घर कर गई थी। मैनें सोचा, जब नौकरी मेरे भाग्य में है ही नहीं तो कोशिश करने से भी क्या लाभ। करना तो मुझे कोई अपना ही काम है। ग्रेजुएशन हो जाए, काफी है। पोस्ट-ग्रेजुएशन में समय और पैसे की बर्बादी किसलिए? यह सोच कर मैनें पढ़ाई में अधिक दिलचस्पी नहीं ली। जैसे-तैसे ग्रेजुएशन कर ली। पिता जी की जान-पहचान से एक-दो जगह नौकरी करने का अवसर भी मिला लेकिन शायद मेरी अपनी ही गलती से सब बेकार हो गया। अपनी गलतियों का परिणाम मैं आज तक भुगत रहा हूं।"

यह कह कर नित्यानन्द खामोश हो गया और उसने अपनी गर्दन झुका ली। उसकी परेशानी मुझसे छुपी नहीं थी। मैनें उसे सांत्वना देते हुए कहा "ऐसा क्यों कहते हो? अपने आप को क्यों कोसते हो तुम? इन्सान को कभी भी आत्मग्लानी का शिकार नहीं होना चाहिए। यह कायरता की निशानी है। इससे मन में नकारात्मकता आती है जो सफलता की शत्रु है।

आजतक तुमने जो कुछ भी किया है, तुम सब में सफल हुए हो। मेहनत तो करनी ही पड़ती है मेरे भाई। कभी कम, कभी अधिक।"

नित्यानन्द ने मेरी बात पर कोई प्रतिक्रिया नहीं दिखाई। उसकी स्थिति देख कर मुझे दुख हो रहा था। मैनें वातावरण को सहज बनाने की इच्छा से बात बदलते हुए सुधा से कहा "चाय का एक और दौर हो जाए?"

सुधा उठ कर रसोई में चली गई। नित्यानन्द ने मुझसे पूछा "शर्मा जी, आपको क्या लगता है, पालमपुर में क्राकरी का काम चल पड़ेगा?"

"पहले तुम यह बताओ, क्या तुम्हें क्राकरी का काम पसन्द है?"

"बिल्कुल नहीं" नित्यानन्द नें एकदम सपाट उत्तर दिया।

"तो क्यों करना चाहते हो यह काम?"

"शास्त्री जी ने तो यही काम सुझाया है।"

"शास्त्री जी की छोड़ो, तुम अपनी कहो। यदि तुम्हें तुम्हारी अपनी पसन्द पूछी जाए तो तुम क्या करना चाहोगे?"

"सच पूछो तो मैं होम्योपैथी का काम करना चाहता हूं।"

"होम्योपैथी क्लीनिक?"

"हां, होम्योपैथी क्लीनिक।"

"लेकिन उसके लिए तो लाइसेंस चाहिए जो आजकल बिना उचित डिग्री के नहीं मिलता। पहले आर एम पी का लाईसेंस आसानी से मिल जाता था, किन्तु अब मुश्किल है। और बिना लाइसेंस के काम करना...।"

"आर एम पी का लाईसेंस है मेरे पास। मुझे काफी समय से होम्योपैथी का शौक था। शायद तुम्हें पता नहीं, यह शौक मुझे मेरे पिता जी से ही विरासत में मिला है। उन्हें भी होम्योपैथी का बहुत शौक था और वे शौकिया प्रैक्टिस भी करते थे। मेरी होम्योपैथी में दिलचस्पी देखकर बहुत बर्ष पहले उन्होंने मुझे आर एम पी का लाईसेंस लेने की सलाह दी थी। मैंने घर में ही होम्योपैथी की पुस्तकों का अध्ययन किया और आर एम पी का लाईसेंस ले लिया। इसलिए कानूनन मैं होम्योपैथी की प्रैक्टिस कर सकता हूं।"

"तुम्हें विश्वास है कि तुम होम्योपैथी की प्रैक्टिस चला पाओगे?"

"विश्वास तो है।"

"तब तुम क्राकरी की दुकान की बात क्यों करते हो? होम्योपैथी का ही क्लिनिक खोलो... नित्यानन्द होम्योपैथी क्लिनिक" मैंने हाथ के इशारे से सायन बोर्ड बनाते हुए कहा "पालमपुर में तुम्हारा क्लिनिक अवश्य चलेगा। पालमपुर एक पॉश शहर है। प्रगतिशील है। वहां शिक्षा का स्तर काफी ऊंचा है। लोग होम्योपैथी समझते हैं। वैसे भी अब लोग 'सेफ फूड' के साथ-साथ 'सेफ मेडिसिन' भी लेना चाहते हैं। लोगों में आम धारणा है, जो पता नहीं कहां तक सही है, कि होम्योपैथी की दवाईयों के 'साइड इफैक्टस' नहीं होते या नहीं के बराबर होते हैं।"

"यह सही है।"

"तो फिर नेकी और पूछ पूछ? नित्यानन्द जी, हिम्मत-ए-मर्दा ते मदद-ए-खुदा। शास्त्री जी से बातचीत बनाए रखो मगर सुनो अपने मन की। ग्रह-चाल बहुत हो ली। अब तुम अपनी चाल चलो, अपने बड़े भाई सर्वानन्द की तरह। उसे भी तो शास्त्री जी ने कामर्स पढ़ने की सलाह दी

थी। परन्तु उसने अपने मन की सुनी थी। विज्ञान में डिग्री ली और अपनी लग्न और मेहनत से वैज्ञानिक बन कर दिखा दिया। यदि वह अपने मन की कर सकता है और सफल हो सकता है तो तुम क्यों नहीं? भगवान पर भरोसा रखो और पूरे विश्वास के साथ तन और मन से काम में जुट जाओ।"

"हूं"

"वैसे तुम्हें पता है कि शादी के दो बर्ष बाद ही जीवन लाल शास्त्री की बहन बिधवा हो गई थी?" मैंनें नित्यानन्द के सन्मुख एक और तर्क रखा "अपनी बेटी की शादी भी तो मनोहर लाल शास्त्री जी ने ग्रह-नक्षत्र देख कर ही की होगी। फिर ऐसा अनर्थ कैसे हो गया?"

मेरे इस कथन का नित्यानन्द पर गहरा प्रभाव हुआ। मेरी बात सुन कर वह यकायक खड़ा हो गया और बोला "शर्मा जी, ठीक कहते हो तुम। अब तक मैं ग्रह-नक्षत्रों की चाल पर ही चला हूं। इससे भी मुझे क्या मिला जो मुझे अपने बनाए हुए रास्ते पर चल कर नहीं मिल सकता था। कुछ भी हो जाए, अब मंजिल भी मेरी होगी और मंजिल का रास्ता भी मेरा होगा। मैं आपको बहुत शीघ्र अपने 'नित्यानन्द होम्योपैथी क्लिनिक' के उद्धाटन पर पालमपुर बुलाऊंगा।"

"ब्रावो" मेरे मुंह से निकला। तभी हाथ में ट्रे पकड़े हुए सुधा ने कमरे में प्रवेश किया। उसने भी नित्यानन्द की भीष्म प्रतिज्ञा सुन ली थी। इसलिए नित्यानन्द को कप देते हुए बोली "लीजिए भाई साहिब, इसी खुशी में गर्मा-गर्म केसर का काहवा पीजिए।"

नित्यानन्द काहवे का कप पकड़ कर सोफे पर बैठ गया। अब वह सहज लगने लगा था... जैसे एक भयानक तुफान में से गुजरने के बाद पूर्णतयः शान्त वातावरण में आ गया हो। माहौल परिवर्तित हुआ था। बातचीत का विषय परिवर्तित हुआ था। हमने कालेज में बिताए हुए कई पलों को दोहराया और इधर-उधर की हल्की-फुल्की बातों में काहवा का आनन्द लिया।

"अच्छा तो अब मैं चलता हूं" उठते हुए नित्यानन्द ने कहा।

"मेरा ड्राईवर तुम्हें छोड़ देगा" मैनें कहा।

नित्यानन्द ने हमारा धन्यवाद जताते हुए पूरे जोश से मुझसे झप्पी मारी, सुधा को हाथ जोड़ कर नमस्कार किया और मुस्कुरा कर हाथ हिलाते हुए अपनी नई मंजिल की ओर बढ़ गया। मुझे एक असीम संतुष्टि का अहसास हो रहा था।

९

मन के जीते जीत

लुधियाना जंक्शन रेलवे स्टेशन के प्लेटफार्म नम्बर एक पर आज भीड़ अपेक्षाकृत कम थी। आज रविवार था शायद इसलिए, अन्यथा प्रात: समय तो यहां पांव रखने की जगह नहीं होती। मुझे इसी प्लेटफार्म से दिल्ली के लिए गाड़ी पकड़नी थी। गाड़ी आने में अभी लगभग बीस मिनट का समय था। मैं निश्चिंत हो कर एक बैंच पर बैठा पी जी वोडहाऊस के उपन्यास 'हॉट वाटर' का आनन्द ले रहा था। तभी प्लेटफार्म पर उद्घोषणा होने लगी।

'जम्मू से चल कर अम्बाला, पानीपत्त के रास्ते दिल्ली को जाने बाली गाड़ी लगभग बीस मिनट देरी से आ रही है। इस असुविधा के लिए हमें खेद है।'

लिहाज़ा गाड़ी पकड़ने के लिए मुझे चालीस मिनट और प्रतीक्षा करनी होगी। मैंने उपन्यास बन्द किया और निःरुद्देश्य प्लेटफार्म पर आते-जाते मुसाफिरों को निहारने लगा। तभी मेरी नज़र एक दम्पत्ति पर पड़ी जो मेरे बैंच से थोड़ी ही दूरी पर फर्श पर बैठे हुए थे। पुरुष लगभग पैंतीस-चालीस बर्ष का रहा होगा और यही आयु, या हो सकता है एक-दो बर्ष कम हो, औरत की थी। दोनों ने अपनी आंखों पर काले चश्मे चढ़ा रखे

थे। उनके साथ एक छोटा-सा, प्यारा-सा बच्चा था, लगभग एक-डेढ़ बर्ष का, जिसकी दाईं टांग उन्होंने एक दुपट्टे से बान्ध रखी थी जिसका दूसरा सिरा पास ही एक लोहे के खम्बे से बंधा हुआ था ताकि बच्चा घिसटता हुआ दूर न चला जाए। उनके पास उनके सामान से भरा हुआ एक बड़ा सा बैग रखा था। उनके सिर के ऊपर छत से लटका हुआ पंखा खटर-पटर धीरे-धीरे घूम रहा था।

कुछ तमाशाई लोग उनको घेरे खड़े थे। दरअसल बात यह थी कि पति-पत्नी दोनों अन्धे थे मगर उनका बेटा बिल्कुल ठीक था और देख सकता था। पति और पत्नी ने एक-दूसरे को सूत की पतली सी डोरी से आपस में बान्ध रखा था ताकि भीड़ में वे एक दूसरे से अलग न हो जाएं। दो अन्धों के बीच ऐसी व्यवस्था मैंने पहली बार देखी थी। मैं बहुत प्रभावित हुआ। इसलिए उस परिवार के प्रति अन्य तमाशाईयों की तरह मेरी जिज्ञासा भी बढ़ गई।

मैंने देखा, वह औरत, शायद अपने बेटे के लिए, लाल रंग का स्वैटर बुन रही थी और पुरुष खम्बे से पीठ टिकाए ऊंघ रहा था। दाईं टांग से दुपट्टे के सहारे खम्बे से बंधा उनका बेटा आस-पास खड़े लोगों को देख कर हूं-हां करते हुए इधर-उधर घिसटने की कोशिश कर रहा था। आस-पास खड़े लोग भी उसका ध्यान अपनी ओर आकर्षित करते हुए अपना समय व्यतीत कर रहे थे। कोई हाथ के इशारे से उसे अपनी तरफ बुला रहा था, कोई हैलो कह कर उसे सम्बोधित कर रहा था, कोई ताली पीट रहा था, तो कोई उसे टॉफी दिखा रहा था। बच्चा भी उन सब के साथ मस्त था।

तभी औरत ने स्वैटर बुनना बन्द किया और अपने पति के कन्धे पर हाथ रखते हुए बोली "सूरज।"

"हूं" पति बोला।

"भूख लग रही है। कुछ खाने को ले आते। पास ही कहीं से पूरियां तलने की खुशबू आ रही है। छोले-पूरी ले आओ।"

"हूं" पति ने सहमती जताई।

"मैं तुम्हें टिफिन बाक्स देती हूं। तुम छोले-पूरी उसी में डलवा लाना। तब तक मैं चन्दा को दूध पिलाती हूं। उसे भी दूध पिए काफी समय हो गया है।" यह कह कर पत्नी बैग में से टिफिन बाक्स निकालने लगी।

"कितनी पूरियां लाऊं?"

"आठ-दस तो ले ही आना। कुछ अब खा लेंगे… भूख तेज ही है… कुछ बाद में खा लेंगे… गाड़ी में। पांच-छ: घंटे तो लग ही जाएंगे दिल्ली पहुंचने में।

"ठीक है तारा" वह उठते हुए बोला "गर्म पानी है न दूध बनाने के लिए?"

"हां है। थर्मस भरी हुई है।"

"ठीक है।"

सूरज एक हाथ में टिफिन बाक्स और दूसरे हाथ में छड़ी ले कर खड़ा हो गया। फिर उसने सूत की डोरी अपनी कमर से खोल कर तारा के हाथ में दे दी और हल्की ऊंची आवाज़ में बोला "कोई भाई मुझे रास्ता दिखाएगा? छोले-पूरी की रेहड़ी तक जाना है।"

उसकी आवाज़ सुन कर एक युवक आगे बढ़ा।

"आओ, मै ले चलता हूं तुम्हें रेहड़ी तक" कहते हुए उस युवक ने सूरज का हाथ पकड़ा और धीरे-धीरे उसे उस रेहड़ी की तरफ ले चला जहां पर पूरियां तली जा रहीं थीं।

इतने में गुब्बारे बेचती हुई एक महिला चन्दा के सामने आ कर खड़ी हो गई। उसके हाथ मे एक बड़ा सा बांस का डंडा था जिस पर उसने रंग-बिरंगे गुब्बारे बांध रखे थे। जैसे ही चन्दा की नजर उन गुब्बारों पर पड़ी वह उनकी ओर आकर्षित हुआ और उस तरफ घिसटने की कोशिश करने लगा। दुपट्टे की लम्बाई तक, जिससे वह बंधा हुआ था, चन्दा आसानी से घिसटता रहा। फिर वह अटक गया। लेकिन वह गुब्बारों तक पहुंचने के लिए लालायित था। इसलिए आगे बढ़ने के लिए वह बार-बार अपनी टांग झटक रहा था। क्योंकि दुपट्टे की गांठ ढीली थी, दो-चार झटकों में ही उसका पांव गांठ में से फिसल कर बाहर आ गया। चन्दा अब पूरी तरह आजाद था। वह घिसटता हुआ गुब्बारे बेचने बाली महिला के पास जा पहुंचा और हाथ उठा कर इशारे करने लगा। लेकिन वह महिला चन्दा को चुपचाप खड़ी देखती रही।

एक शख्स का ध्यान शायद बहुत देर से चन्दा और गुब्बारे वाली महिला पर टिका था। जब चन्दा उस महिला के पास पहुंच कर गुब्बारों के लिए हाथ उठाने लगा तो वह शख्स आगे बढ़ा और उसने महिला से एक लाल रंग का गुब्बारा ले कर चन्दा के हाथ में दे दिया। चन्दा उस गुब्बारे को ले कर बहुत खुश था। वह उसे मुंह में डालने की कोशिश करने लगा। इसी चक्कर में गुब्बारा उसके हाथों में से फिसला और फर्श पर लुड़कता चला गया। चन्दा उसे पकड़ने के लिए और आगे बढ़ा।

लेकिन इस सबसे बेखबर तारा चन्दा के लिए दूध बनाने में व्यस्त थी। उसने बैग में से गर्म पानी की थर्मस, दूध के पाऊडर का डिब्बा और एक कांच का गिलास निकाला। फिर एक चम्मच से दूध का पाऊडर गिलास में डाला और उसमें गर्म पानी मिला कर बहुत इतमिनान से घोलने लगी। जब दूध अच्छी तरह से घुल गया तो उसने उसे अपने बाएं बाजु पर डाल कर देखा कि कहीं दूध उसके बेटे के लिए अधिक गर्म तो नहीं। जब उसे लगा कि दूध का तापमान चन्दा के पीने के लिए सही है तो उसने दूध को गिलास में से दूध की बोतल में डाला। गर्म पानी की थर्मस, कांच का गिलास और चम्मच पुनः बैग में रखे। यह काम वह इतनी दक्षता से कर रही थी कि उसे देख कर यह पता ही नहीं चलता था कि वह अन्धी है। मजबूरी, मैनें सोचा, इन्सान को क्या-क्या सिखा देती है।

एक हाथ में दूध की बोतल और दूसरे हाथ से वह दुपट्टा खींचते हुए बोली "चन्दा आओ, दुधू पी लो।"

लेकिन यह क्या? न ही तो चन्दा की 'हूं हां' की आवाज़ आई और दुपट्टा भी आसानी से खिंचता चला गया। तारा किसी अनहोनी आशंका से एकदम घबरा गई। अचानक वह चीखी, "चन्दा?… चन्दा?… कहां हो तुम?… कहां है मेरा चन्दा?… कहां है मेरा चन्दा?"

बदहवास वह उठ खड़ी हुई। दूध की बोतल उसके हाथ से छिटक कर दूर जा गिरी। बिफरी सी वह अपने बेटे को पुकार रही थी। आसपास खड़े लोग तारा के इस अप्रत्याशित व्यवहार पर अचम्भित थे।

"कहां है मेरा चन्दा? अरे कोई तो देखो, कहां चला गया मेरा चन्दा।"

लोगों की नज़र में तो चन्दा वहीं था मगर तारा की अंधेरी आंखो से तो वह पूर्णतयः ओझल था। उसको इस प्रकार व्याकुल होते देख कर वह

शख़्स जिसने चन्दा को गुब्बारा खरीद कर दिया था बोला "चिन्ता मत करो बहन। तुम्हारा चन्दा कहीं नहीं गया। वह यहीं है... मेरे पास।"

"कहां है? भगवान के लिए मेरा चन्दा मुझे दे दो।" तारा ने उस तरफ मुंह करते हुए कहा जिस तरफ से उसने उस शख़्स की आवाज़ सुनी थी। "चन्दा ...चन्दा...।"

तभी उस शख़्स ने चन्दा को गोदी में उठाया और तारा की बाहों में डाल दिया। बाहों में आते ही तारा ने चन्दा को भींच कर अपनी छाती से चिपका लिया। कुछ पल तक वह यूं ही उसे छाती से चिपकाए खड़ी रही। जब उसे आभास हो गया कि उसका चन्दा सुरक्षित उसकी बाहों में है, वह कुछ सामान्य हुई। फिर बेतहाशा चन्दा को चूमने लगी और भावुक स्वर में बोली "कहां चला गया था तू?... फिर कभी ऐसा मत करना।"

चन्दा 'हां हूं' करने लगा। मानों उसे अपनी मां की बात समझ में आ गई थी और वह उसे सांत्वना दे रहा था।

दूसरी तरफ जब छोले-पूरी की रेहड़ी के पास खड़े सूरज ने तारा की आवाज़ सुनी तो वह भी व्याकुल हो गया। वह वहीं से चीखा "क्या हुआ तारा?... मैं आ रहा हूं।" और छड़ी के सहारे लड़खड़ाते हुए उसने लगभग दौड़ सी लगा दी। इसी जल्दबाजी में वह वहां खड़े एक व्यक्ति से टकरा गया। वह व्यक्ति दूसरी तरफ मुंह किए खड़ा अखबार पढ़ रहा था। सूरज की अचानक टक्कर से वह बहुत मुश्किल से गिरते-गिरते बचा था। इसलिए गुस्से में पीछे मुड़ते हुए वह बोला "अन्धे हो क्या? दिखाई नहीं देता?"

"हां भाई, मैं अन्धा ही हूं। मुझे माफ कर देना।"

जैसे ही उस व्यक्ति ने काला चश्मा पहने और हाथ में छड़ी पकड़े हुए सूरज को देखा उसके तेवर नर्म पड़ गए। "देखो, सम्भल कर चलो।... गिर जाओगे।"

तारा के पास खड़े उस शख्स ने, जिसने चन्दा को ला कर तारा को दिया था, जब यह दृष्य देखा तो वह तेजी से सूरज की तरफ बढ़ा और उसे बांह से पकड़ कर तारा के पास ले आया। आते ही सूरज ने तारा से पूछा "क्या हुआ चन्दा को? चन्दा कहां है?"

"चन्दा को कुछ नहीं हुआ। वह यहीं है मेरे पास। यह देखो।" और टटोलते हुए तारा ने सूरज का हाथ चन्दा के सिर पर रख दिया।

"चन्दा को मुझे दो" सूरज ने कहा।

तारा ने चन्दा को सूरज की बाहों में दे दिया। सूरज ने भी चन्दा को अपनी छाती से चिपका लिया।

"तुम इतनी जोर से क्यों चीखी थी?" सूरज ने पूछा।

"दरअसल चन्दा दुपट्टे की गांठ में से निकल गया था'तारा बोली "दुपट्टा खाली पा कर मैं घबरा गई थी। इसलिए मेरे मुंह से...।"

"हूं... ध्यान रखा करो तारा।"

तभी उस शख्स ने लाल गुब्बारा, जो उसने चन्दा को खरीद कर दिया था, तारा को देते हुए कहा "यह लो गुब्बारा... चन्दा के लिए। इसी को लेने के लिए चन्दा दुपट्टे में से निकला था।" लेकिन तारा ने वह गुब्बारा लेने से मना कर दिया।

"जी नहीं भाई साहिब। यह गुब्बारा हमें नहीं चाहिए। आप इसे किसी और बच्चे को दे दो।"

फिर वह सूरज से बोली "टिफिन बाक्स कहां है? तुम छोले-पूरी लेने गए थे न?"

"ओह, टिफिन बाक्स तो मैं उसी रेहड़ी पर छोड़ आया।"

"यह लो अपना टिफिन बाक्स" तभी उस युवक ने, जो सूरज को रेहड़ी तक ले कर गया था, टिफिन बाक्स तारा को देते हुए बोला "तीन प्लेट छोले और पूरियां, साठ रुपए की, टिफिन बाक्स में डाल दी हैं और यह रहा आपका बकाया... चालीस रुपए। सम्भाल कर रख लो।" इसके साथ ही उसने चन्दा की दूध की बोतल, जो बदहवासी में तारा के हाथ से छिटक कर फर्श पर गिर पड़ी थी, उठा कर तारा को दे दी।

"धन्यवाद भाई साहिब" सूरज ने कहा।

वह युवक चन्दा के लिए चॉकलेट खरीद कर लाया था, मगर तारा ने उसे भी लेने से मना कर दिया। "नहीं चाहिए। मेरा बेटा चॉकलेट नहीं खाता।" हाथ में चॉकलेट पकड़े वह युवक चुपचाप चला गया।

सूरज ने तारा से कहा "तारा तुम पूरी खा लो। मैं चन्दा को सम्भालता हूं। तुम्हें भूख लगी है न।"

"नहीं, अब मुझे भूख नहीं। गाड़ी में बैठ कर इकट्ठे खाएंगे।"

"ठीक है, जैसा तुम कहो। चन्दा को यदि तुम पकड़ो तो मैं डोरी अपनी पैंट की हुक से बान्ध लूं।"

इस घटना ने मुझे बहुत प्रभावित किया। मैं सोचने लगा कि इन्सान के मन, दिमाग और शरीर का आपस में कितना विचित्र सम्बन्ध है। किसी भी परिस्थिति में दिमाग शरीर को परिस्थिति के अनूकूल ढालने की क्षमता रखता है। दिमाग ने एक अन्धे शरीर को इस योग्य बना दिया कि

वह अन्धापे में भी खूबसूरती से जी सके। और मन यदि दिमाग पर हावी हो जाए तो शारीरिक प्रतिक्रिया गौण हो जाती है। मन जब सहज था तो तारा को बहुत भूख सता रही थी। लेकिन मन के असहज होते ही शरीर से भूख एकदम गायब हो गई। शरीर दिमाग के सहारे मन को भी काबू करने में सक्षम है। योग-साधना इसका एक खूबसूरत उदाहरण है। फिर भी न जाने क्यों हम मन को अग्रणी मानते हुए कहते हैं 'मन के जीते जीत है और मन के हारे हार।'... विचित्र है प्रकृति।

तभी प्लेटफार्म पर उद्घोषणा होने लगी 'जम्मू से चल कर अम्बाला, पानीपत्त के रास्ते दिल्ली को जाने वाली गाड़ी प्लेटफार्म नम्बर एक पर आ रही है।'

10

पाप-पुण्य

प्रयागराज आने का यह मेरा पहला अवसर था। दो दिन की कार्यशाला के सिलसिले में मेरा प्रयागराज आना हुआ था। प्रयागराज, आप तो जानते ही होंगे, त्रिवेणी संगम के लिए विश्व प्रसिद्ध है। त्रिवेणी संगम… अर्थात् तीन नदियों का संगम… गंगा, यमुना और सरस्वति… करोड़ों लोगों की आस्था का प्रतीक। वैसे सरस्वति अदृश्य होने के कारण वहां दिखाई नहीं देती। मान्यता है कि इस संगम स्थल पर स्नान करने से मनुष्य को अपने पापों से मुक्ति मिल जाती है और मनुष्य जन्म-मरण के चक्कर से मुक्त हो जाता है। इसलिए प्रति वर्ष लाखों लोग यहां आकर डुबकी लगाते हैं और अपने पापों से मुक्ति पा कर पुण्य कमाना चाहते हैं। हालांकि मेरी इन धारणाओं में कोई विशेष रुचि नहीं, फिर भी मैं एक बार यह संगम स्थल अवश्य देखना चाहता था। मैंने सोचा था कि यदि कार्यशाला से समय मिला तो मैं त्रिवेणी संगम पर जाऊंगा अवश्य, किन्तु संगम पर स्नान करूं या न करूं यह दूसरी बात है।

ऐसा नहीं है कि मेरी भगवान में आस्था नहीं या तीर्थ स्थलों में मेरा विश्वास नहीं। आस्था भी है, विश्वास भी है, मगर अन्धविश्वास नहीं। छिपकली देखकर मैं उसे निगल जाऊं, मैं ऐसे लोगों में से नहीं। दिल्ली में

यमुना और कानपुर में गंगा के जल की गुणवत्ता को देख कर उन नदियों की स्वच्छता और पवित्रता मेरे लिए प्रश्नवाचक बन चुकी थी। उस जल में डुबकी लगाना मेरे लिए लगभग नामुमकिन था।

हमारी कार्यशाला अगले दिन आरम्भ होनी थी। मैं दोपहर के खाने तक होटल में पहुंच चुका था। मेरी तरह कुछ और डेलीगेटस भी वहां पहुंच चुके थे। खाने के दौरान कुछ पुराने मित्रों से मुलाकात हुई। हम सब पहले से ही एक दूसरे से परिचित थे। इधर-उधर की बातें होती रहीं। बातों ही बातों में संगम जाने का भी ज़िक्र हुआ। पता चला कि हम में से बहुत लोग तो पहले भी कई बार संगम स्नान कर चुके थे। केवल दो लोग ही ऐसे थे जो पहली बार त्रिवेणी संगम जाने वाले थे... मैं और डॉ प्रेम। मैं जो था वह था, मगर प्रेम संगम स्नान के लिए अत्यधिक उत्सुक था। उसने प्रस्ताव रखा कि ‘क्यों न आज ही त्रिवेणी संगम में स्नान कर लिया जाए। आज हमारे पास समय भी है और गाड़ी भी है। कार्यशाला के दौरान या उसके बाद पता नहीं समय मिले या न मिले।... कार्यशालाएं अक्सर लम्बी खिंच जाती हैं।’ प्रेम का सुझाव अच्छा था। सब को पसन्द आया और सर्वसम्मति से पास भी हो गया। संगम स्थल हमारे होटल से लगभग बीस मिनट के फासले पर था।

कार्यशाला के आयोजकों ने सभी मेहमानों के लिए गाड़ियों का प्रबन्ध किया हुआ था। गाड़ियों का संचालन वहां के इंजीनियरिंग विभाग के प्राध्यापक डॉ महेश कर रहे थे। तय हुआ कि हम सात लोग, आधे घंटे के बाद, तीन बजे संगम स्नान के लिए होटल से निकलेंगे।

जैसा कि मैं पहले कह चुका हूं कि मैं त्रिवेणी संगम जाना तो चाहता था, मगर वहां पर स्नान करने की मेरी विशेष इच्छा नहीं थी। अन्य लोग भी, जो पहले संगम स्नान कर चुके थे, आज स्नान करने के इच्छुक नहीं

थे। केवल प्रेम ही ऐसा व्यक्ति था जिसके मन में संगम स्नान की तीव्र इच्छा हिलोरें ले रही थी। लेकिन अकेले स्नान करने में, मुझे लगा, वह कुछ हिचकिचा सा रहा था। इसलिए वह चाहता था कि कम से कम एक व्यक्ति तो ऐसा हो जो वहां जा कर स्नान करने में उसका साथ दे। उसकी नज़रों में मैं ही वह व्यक्ति था जो उसका साथ दे सकता था क्योंकि मैं वहां पहली बार जो जा रहा था। इसलिए अपने कमरे की ओर जाते हुए उसने मुझसे अनुरोध किया "शर्मा जी आप भी स्नान कर लेना। ऐसा सुअवसर कभी-कभी मिलता है।"

"नहीं प्रेम जी, मेरा स्नान करने का मूड नहीं।"

"मूड बना लो न भाई।... मेरे लिए ही सही।"

"स्नान से मुझे कोई परहेज़ नहीं बन्धू, परन्तु इन नदियों के जल के प्रदूषण स्तर को देखते हुए मुझमें उनमें डुबकी लगाने की हिम्मत नहीं।"

"हो सकता है यहां का जल साफ हो।"

"कैसे? यह जल तो दिल्ली और कानपुर के रास्ते से ही बहता हुआ आ रहा है न?"

"हां, मगर हर रोज़ यहां हजारों भक्त स्नान भी तो करते हैं। वे भी तो जल देखते होंगे। पवित्र स्थल है भाई। कुछ तो होगा इस जल में जो लाखों करोड़ों भक्तों को स्नान करने के लिए प्रेरित करता है। और हम... यदि पास आकर भी न नहाए तो ...।"

"वह सब तो ठीक है मगर...।"

"अगर मगर कुछ नहीं। हम दोनों वहां स्नान करेंगे।" फिर कुछ सोच कर वह बोला "चलिए ऐसा करते हैं, आप चलते समय तौलिया साथ

रख लेना। यदि संगम पर आपको पानी साफ लगे तो स्नान कर लेना, अन्यथा कोई ज़बरदस्ती तो है नहीं।" बिना मेरी प्रतिक्रिया जाने उसने कहना जारी रखा "...तो ठीक है... हम यहां तीन बजे मिलते हैं। और हां, अपने साथ अधिक सामान लेकर मत चलना। हो सके तो अपनी घड़ी, पर्स, चशमा आदि अपने कमरे में ही छोड़ जाना। वहां, सुना है, सामान रखने की कोई विशेष सुविधा या व्यवस्था नहीं है।... अच्छा तो यह होगा कि हम चप्पल पहन कर ही निकलें यहां से... जूते भी कमरे में ही छोड़ जाएं।" यह कहते हुए वह अपने कमरे की ओर चला गया।

मैं प्रेम का अनुरोध टाल नहीं सका। किन्तु, क्योंकि मैं घर से स्नान करने के मूड में नहीं निकला था, इसलिए मेरे पास नदी में नहाने के लिए उपयुक्त वस्त्र नहीं थे। कम से कम एक निक्कर (हाफ पैंट) तो चाहिए ही थी।

हमारे होटल के ठीक सामने एक शॉपिंग मॉल था। मैनें वहां से छः सौ निन्यानवें रुपये में नीले रंग की सिंथेटिक कपड़े से बनी हुई एक ब्रैंडिड निक्कर खरीद ली, यह सोच कर कि बाद में यह घर में पहनने के काम आएगी। निक्कर को तौलिए में गोल लपेट कर हाथ में पकड़ा और संगम जाने के लिए होटल की लॉबी में आ गया।

हमारे संगम स्थल की ओर निकलते-निकलते चार और लोग हमारे साथ जुड़ गए। इस प्रकार तीन गाड़ियां ग्यारह लोगों को लेकर ठीक तीन बजे संगम स्थल की ओर रवाना हो गईं। डॉ महेश ने ड्राइवरों को बता दिया था कि उन्हें हमें कहां ले कर जाना था।

लगभग साढ़े तीन बजे हम यमुना नदी के किनारे किला घाट पर जा पहुंचे। किला घाट इलाहबाद किले की दीवार से सटा हुआ है। किला घाट के बाईं ओर कुछ दूरी पर त्रिवेणी संगम है।

यमुना नदी के किनारे इस घाट पर छोटी बड़ी कई नावें खड़ी थीं... चप्पू से चलने वाली छोटी नावें और डीज़ल इंजन से चलने वाली मोटर बोट... यह नाव बड़ी थी और तेज-गति भी थी।

गाड़ियों से उतरते देख कर चार-पांच नाविक हमारी तरफ दौड़े। हर कोई हमें अपनी नाव में बैठने के लिए कह रहा था। उन्होंने हमें बताया कि संगम वहां से काफी दूर था। इसलिए समय और बैठने बालों का नम्बर देखते हुए हमने मोटर बोट से चलने का निर्णय लिया।

मोटर बोट के मालिक ने इकट्ठे ग्यारह लोगों को देखा तो उसका भाव बढ़ गया। बहुत तोल-मोल करने के बाद वह छः हजार रुपये में चलने के लिए राज़ी हुआ था। हम सब लोग मोटर बोट में बैठ गए और कुछ ही समय में बोट संगम स्थल की ओर रवाना हो गई।

उस बोट में हमारे अतिरिक्त चार लोग और भी थे। एक चालीस-पैंतालीस बर्ष का मोटर बोट का चालक और उसके तीन साथी। उन तीनों की उम्र पन्द्रह-बीस बर्ष के बीच रही होगी।

मोटर बोट के अन्दर सैलानियों के बैठने के लिए दोनों तरफ लगभग डेढ़ फुट चौड़ा लकड़ी का तख्ता था। बोट के आगे और पीछे दोनों सिरों पर लकड़ी के बक्से जैसे बने हुए थे जो अन्दर की तरफ से खुले थे और उन बक्सों में बोट वालों का सामान... जैसे रस्से, बाल्टियां, मग, बर्तन, जूट की खाली बोरियां, पलास्टिक के कंटेनर इत्यादि... पड़ा हुआ था। हम लोग लकड़ी के तख्तों पर और बोट वाले उन बक्सों पर बैठ गए।

मोटर बोट धीरे-धीरे कछुए की गति से सरकने लगी। बीच-बीच में उनमें से एक युवक गाईड बन कर हमें आसपास के दृष्य समझाता जा रहा था। सुस्त गति से चलते हुए भी हम लोग आठ-दस मिनटों में संगम स्थल

पर जा पहुंचे। यहां पहुंच कर हमें पता चला कि यह स्थान वहां से इतना दूर नहीं था जितना हमें मोटर बोट वाले ने बताआ था। दूसरा, यहां आने के लिए बोट लेना अनिवार्य नहीं था। यमुना नदी के किनारे-किनारे रेत पर टहलते हुए आसानी से यहां तक पहुंचा जा सकता था। बाद में हमें यह भी पता चला कि नाविक ने हमसे किराए के रूप में काफी अधिक पैसे झाड़ लिए थे।… संगम स्थल पर पहले तीन सफेद झूठ… आस्था के नाम पर प्रथम तीन झटके।

वैसे सच कहूं तो मेरे लिए यह कोई आश्चर्यजनक घटना नहीं थी, क्योंकि मैं जानता था, और शायद आप भी जानते होंगे, कि हमारे भारत देश में तीर्थ-स्थलों पर सैलानियों का स्थानीय लोगों द्वारा ठगे जाना कोई अद्भुत घटना नहीं, एक आम बात है। पाप-पुण्य का पाठ केवल उन्हीं लोगों के लिए है जो दूर से आते हैं। तीर्थ-स्थलों पर रहने वाले लोग शायद अपने आप को पाप से अछूता मानते हैं क्योंकि वे सदा भगवान के समीप जो रहते हैं।

संगम स्थल पर गंगा और यमुना नदियों की धाराएं लगभग नब्बे अंश के कोण पर आ कर मिलती हैं। इससे इस स्थान पर गंगा और यमुना नदियों में बहती हुई रेत आकर इकट्ठा हो गई है। परिणाम स्वरूप इस स्थान पर पानी की गहराई बहुत कम, लगभग कमर तक, है। यही संगम स्नान की जगह है। यह स्थल दोनों नदियों की जल-धारायों के बीचों-बीच किनारे से लगभग पन्द्रह-बीस फुट की दूरी पर है। यहां से कुछ ही दूरी पर पानी बहुत गहरा है।

बोट के पास ही लकड़ी के खम्बों के सहारे एक डेढ़-दो फुट चौड़ा लकड़ी का तख्ता टिकाया हुआ था। उस तख्ते के पास एक मोटे बांस का डंडा गड़ा था। बांस के उस डंडे से एक रस्सी बन्धी हुई थी जिसका दूसरा

सिरा कुछ दूरी पर पानी में ही खड़ा किए हुए दूसरे बांस के डंडे से बन्धा था। यह रस्सी सैलानियों को गहरे पानी की तरफ जाने से रोकने के लिए बांधी हुई थी।

संगम स्थल पर पहुंचते ही, न जाने कहां से, आठ-दस लड़कों ने हमारी बोट को मक्खियों की तरह घेर लिया। वे संगम पूजन के लिए सामग्री बेच रहे थे। किसी के हाथ में दूध का लोटा था, किसी के हाथ में फूल थे, कोई धूप और अगरबत्ती बेच रहा था और कुछ लड़के पैसे मांग रहे थे। वहां पर धोती और जनेऊ धारण किए हुए एक तिलक-धारी पण्डित भी था... हरी ओम उसका नाम था... जो हमें पूजा करने के लिए प्रेरित करने लगा।

प्रेम, जो मेरे पास ही बैठा हुआ था, मुझसे बोला "क्यों शर्मा जी, स्नान का मूड बन गया?"

मैं कुछ बोला नहीं। असमंजस में था। नहाऊं या न नहाऊं। पानी बहुत गन्दा नहीं था। वैसे सच बोलूं तो मेरे मन में कौतुहल अवश्य हो रहा था कि कानपुर और दिल्ली से बहती चली आ रही गंगा और यमुना का जल यहां तक पहुंचते-पहुंचते अपेक्षाकृत साफ कैसे हो गया। खैर, यह एक अन्य विषय है, इस पर फिर कभी चर्चा करेंगे। फिलहाल हम मूल कहानी की ओर आते हैं।

प्रेम स्नान करने के लिए तैयार हो गया। उसने सफेद रंग की निक्कर पहनी हुई थी। वह मुझसे फिर बोला "शर्मा जी क्या सोच रहे हो? डुबकी लगा लो और संगम-स्नान का पुण्य कमा लो। ऐसे अवसर बार-बार नहीं मिलते। मैं तो पहले संगम पूजन करूंगा, फिर स्नान करूंगा।" फिर उसने हरी ओम पण्डित से बात की और लड़कों से दूध, धूप और पुष्प इत्यादि खरीदने में व्यस्त हो गया।

प्रेम को यह सब करते देख कर मेरे मन में भी संगम-स्नान करने की अभिलाषा जागृत हो आई। इसी बीच मेरे कुछ और मित्रों ने भी मुझे स्नान करने के लिए प्रेरित किया। लिहाज़ा मैं भी स्नान के लिए तैयार हो गया।

मैनें कपड़े उतार कर बोट में लकड़ी के उसी तख्ते पर रख दिए जिस पर बैठ कर हम यहां तक आए थे। पास ही प्रेम के कपड़े भी रखे हुए थे। अपनी नीली निक्कर पहन कर मैं लकड़ी के तख्ते पर उतर गया। हमारे अन्य साथी तब तक अपने मोबाईल फोनों से सेल्फियां लेने में व्यस्त हो चुके थे।

तख्ते पर बैठ कर मैनें पानी को छू कर देखा। पानी काफी ठण्डा था। फिर मैं जैसे ही पानी में उतरने लगा, एक लगभग डेढ़ फुट लम्बा सांप पानी में तैरता हुआ मेरे सामने से निकल गया। वह सांप शायद लकड़ी के तख्ते से चिपका बैठा था जो मेरे पानी में उतरने की हलचल से घबरा कर वहां से भाग खड़ा हुआ था। उसे देखते ही पल भर के लिए तो मैं भी घबरा गया था, लेकिन मैं किसी से कुछ बोला नहीं। मैं जानता था कि तीर्थ-स्थल एक ऐसी जगह होती है जहां सांप नाग देवता बन जाते हैं… चोर-उचक्के दीन-हीन और बेचारे हो जाते हैं… दुर्घटना भाग्य का खेल हो जाती है… यहां वह सब कुछ होता है जो और कहीं नहीं होता।

मैं कुछ पल रुका, इधर-उधर देखा फिर भगवान का नाम ले कर पानी में उतर गया। ठण्डे पानी में पहली डुबकी लगाना मुश्किल थी। तद्पश्चात मैनें एक के बाद एक कई डुबकियां लगा लीं। पल-भर में मेरे समस्त पापों का हरण हो गया था… शायद। मेरे मन में आया कि अपने पापों से मुक्ति पाने का इससे बढ़िया और शॉर्ट-कट ढंग और क्या हो सकता है। बेधड़क पाप करते रहिए और एक दिन समय निकाल कर यहां चले आइए और

त्रिवेणी में डुबकी लगा कर पाप-मुक्त हो कर पुन: पाप करने के लिए तैयार हो जाइए।... अरे, वाह रे मनुष्य! कैसी-कैसी युक्तियां निकाल लेते हो तुम! प्रत्येक रोग की दवा है तेरे पास।

जब तक प्रेम पूजा कर के स्नान करने के लिए पानी में उतरता, तब तक मैं स्नानादि से निवृत्त हो कर नाव में वापिस आ चुका था। उसके वापिस आने तक मैनें कपड़े पहन लिए थे। गीली निक्कर निचोड़ कर तौलिए में लपेट कर अपने पास लकड़ी के तख्ते पर रख ली थी।

कुछ ही देर में प्रेम भी स्नान करके नाव में वापिस आ गया। उसने कपड़े पहने, गीले कपड़े लपेट कर एक तरफ रख दिए और अपनी चप्पलें ढूंढने लगा। चप्पलें, जहां पर वह उतार कर कर गया था, वहां पर नहीं थीं। उसने इधर-उधर देखा... ढूंढा, मगर चप्पलें नहीं मिलीं। प्रेम ने नाव वाले से पुछा।

“मैनें अपनी चप्पलें यहां रखी थीं, मिल नहीं रहीं।... नई चप्पलें हैं, काले रंग की, एक्यूप्रेशर वाली।”

“यहीं होंगी बाबू जी, मैनें तो देखीं नहीं।”

सब लोगों ने इधर-उधर देखा मगर चप्पलें गायब थीं। बात आश्चर्यजनक थी। खड़ी नाव में चप्पलें अपने आप कहां जा सकतीं थीं।... नाव चल पड़ी। तभी प्रेम की नज़र नाव के अगले बक्से के अन्दर रखी हुई एक जूट की खाली बोरी पर पड़ी जिसके नीचे से उसकी एक चप्पल बाहर की ओर झांक रही थी। तुरन्त उसके मुंह से निकला “वह रही मेरी चप्पल... बोरी के नीचे।” और उसने चलती नाव में आगे बढ़ कर बोरी हटा दी। दोनों चप्पलें वहां पड़ीं थीं।

"यह चप्पलें यहां कैसे पहुंच गईं? बोट तो खड़ी थी।" प्रेम ने नाविक से पूछा।

"पता नहीं साहिब। हो सकता है उतरते समय किसी के पांव की ठोकर से यहां आ गई हों।"

नाविक का उत्तर विश्वासजनक नहीं था। चप्पलों का बोरी के नीचे पहुंचना शत-प्रतिशत उनकी ही शरारत थी। किन्तु समय की नज़ाकत को समझते हुए प्रेम ने चप्पलें पहनीं और बात को वहीं समाप्त करते हुए चुपचाप अपनी जगह पर आ कर बैठ गया। मुझे नाव वालों के व्यवहार पर अफसोस हुआ था।

वापसी के समय बोट की गति तेज़ थी। रास्ते में फिर एक युवक उंगली के इशारों से दूर दिखाई दे रहे एक किले के बारे में बताता रहा। एक-दो चीजें और भी दिखाईं उसने। और इस प्रकार शीघ्र ही हम वापिस किला घाट पर आ पहुंचे। नाव से उतर कर हमने नाविक को पैसे दिए और अपनी-अपनी गाड़ियों में बैठ कर होटल की ओर रवाना हो गए।

होटल के कमरे में पहुंच कर मैनें अपना गोल किया हुआ गीला तौलिया खोला ताकि मैं तौलिया और निक्कर सुखाने के लिए बाथरूम में टांग दूं। यह क्या? तौलिए के अन्दर से मेरी नई निक्कर गायब थी। मैं तुरन्त कमरे से निकल कर गाड़ी के ड्राइवर के पास गया। वह अभी तक होटल की लॉबी में ही था। गाड़ी के अन्दर अच्छी तरह देखा मगर निक्कर नहीं मिली। मैनें प्रेम से बात की। शायद उसने मेरी निक्कर देखी हो, क्योंकि हम दोनों एक ही गाड़ी में बैठ कर आए थे। लेकिन उसने भी हामी नहीं भरी। फिर मैनें फोन पर इस घटना की चर्चा डॉ महेश से की। वह भी इस घटना पर बहुत हैरान था। उसने कहा कि वह उस घाट पर किसी को जानता है। वह उससे बात करेगा। हो सकता है उतरते समय

निक्कर बोट में या आसपास गिर गई हो। यदि वहां किसी बोट वाले ने देखी होगी तो अवश्य मिल जाएगी। मैनें उसका धन्यबाद तो किया मगर, न जाने क्यों, मैं जानता था कि उसकी कोशिश बेकार साबित होगी... जो बाद में हुई भी। क्योंकि प्रेम की चप्पल वाली घटना को याद कर मुझे संदेह ही नहीं पूर्ण विश्वास हो गया था कि मेरी निक्कर वहां पर गिरी नहीं थी अपितु चोरी हुई थी। किसी बोट वाले ने ही जानबूझ कर तौलिए में से निकाल ली थी।... लिहाज़ा निक्कर नहीं मिली।

मैनें कमरे में रखी केतली में पानी गर्म किया, चाय बनाई और कुर्सी पर बैठ कर चाय की चुस्कियों के साथ तीन बजे के बाद के घटना-क्रम के बारे में चिन्तन करने लगा।

पहले प्रेम की चप्पलों का गुम होना... फिर उनका एक बोरी के नीचे से मिलना... फिर मेरी निक्कर का गायब हो जाना... मुझे पूरा विश्वास था कि मेरी निक्कर बोट वालों में से ही किसी ने चुराई थी। हमें उन्होंने दृष्य-दर्शन के बहाने अपनी बातों में उलझाए रखा और उसी दौरान उनमें से ही किसी ने मेरी निक्कर उड़ा ली। प्रेम की चप्पलें भी चली गईं होतीं यदि बोरी पर उसकी नज़र न पड़ती। बोट वालों के ऐसे व्यवहार पर मुझे बहुत अफसोस भी हो रहा था और दुख भी। ये लोग धार्मिक आस्था से जुड़े श्रद्धालुओं को संगम-स्थल पर स्नान करवाते हैं ताकि वे पाप-मुक्त हो जाएं और स्वयं?... क्या इनको अपने पाप-पुण्य की चिन्ता नहीं?

मन में बार-बार पाप और पुण्य की परिभाषा बनती और बिगड़ती रही। पाप और पुण्य भी एक अजीब खेल है। एक ही समय में किया गया कर्म पाप और पुण्य दोनों हो सकते हैं । जैसे सांप के मुंह में फंसे हुए मेंडक को छुड़ाना मेंडक के सन्धर्व में तो पुण्य है क्योंकि उसकी जान बच गई, मगर सांप के सन्धर्व में यह पाप है क्योंकि उसका निवाला छिन गया।

आर्थिक संकट से जूझते नाविक या उसके किसी साथी का, यदि वह सच में गरीब था, मेरी निक्कर चुराना पाप है या पुण्य? पाप और पुण्य के बीच लकीर कैसे खींची जाए? क्या है दोनों की सीमा? क्या पाप और पुण्य परिस्थितियों पर आधारित हैं? कौन निर्णायक है पाप और पुण्य का? प्रश्न गम्भीर थे और उत्तर गड-मड।

सोचते-सोचते सिर भारी होने लगा तो मैनें मूड बदलने के लिए टीवी लगा लिया। टीवी पर ब्रेकिंग न्यूज़ चल रही थी... 'दक्षिणी कश्मीर के अनन्तनाग जिले में आतन्कवादियों ने सुरक्षा बल के गश्ती दस्ते पर घात लगा कर हमला कर दिया।... दो आतन्कवादी मरे, एक सैनिक घायल'... मैनें तुरन्त टीवी बन्द कर दिया। पाप और पुण्य पुनः प्रश्न बन कर मेरे सामने खड़े हो गए थे। इस दिमागी बोझ से बचने के लिए मैनें होटल की लॉबी में ही जाना उचित समझा। वैसे रात्री-भोज का समय भी हो रहा था।

कार्यशाला डेढ़ दिन में ही समाप्त हो गई। काफी लोग लन्च के बाद ही प्रस्थान कर गए। मेरी वापसी अगले दिन की थी। अगले दिन जाने वाले बहुत कम लोग बचे थे। हम तीन लोगों ने दोपहर बाद प्रयागराज शहर घूमने का कार्यक्रम बनाया। डॉ महेश ने, जो गाड़ियों का संचालन कर रहे थे, हमारी मदद की। लन्च के बाद हम तीनों लोग इनोवा गाड़ी में शहर देखने के लिए निकल गए।... आनन्द भवन, इलाहबाद विश्वविद्यालय, इलाहबाद हाईकोर्ट, जवाहर पलैनीटेरियम, कम्पनी बाग, पब्लिक लाईब्रेरी, नया यमुना पुल, इलाहबाद किला, अक्षय बट... कुछ अन्दर से और कुछ बाहर से... घूमते-घूमते हम श्री बड़े हनुमान जी के मन्दिर पहुंच गए। यह हमारा अन्तिम पड़ाव था। यह मन्दिर यमुना नदी के किनारे किला घाट के बिल्कुल पास स्थित है।

इस मन्दिर में श्री हनुमान जी की एक विशाल मूर्ती लेटी हुई मुद्रा में जमीन की सतह से नीचे एक गहरे गड्ढे में स्थापित है। अपनी तरह की यह एक अनूठी मूर्ती है। कहते हैं प्रति बर्ष कम से कम एक बार यमुना का जल हनुमान जी के चरण-स्पर्श के लिए इस मूर्ती को अवश्य छू जाता है।

हनुमान जी के दर्शन कर हाथ में लड्डुओं के प्रसाद का लिफाफा लिए हम मन्दिर से बाहर निकल आए। बाहर निकलते ही हमें भिखारी बच्चों ने घेर लिया। मैं उन्हें प्रसाद बांट ही रहा था कि मेरी नज़र पास में चाय की दुकान पर खड़े एक युवक पर पड़ी। मैनें उसे तुरन्त पहचान लिया। यह वही युवक था जो हमारे साथ बोट में बैठ कर त्रिवेणी संगम-स्थल पर गया था। इस समय उसने नीले रंग की सिंथेटिक कपड़े से बनी निक्कर पहन रखी थी। मैनें पहली ही नज़र में अपनी निक्कर पहचान ली। तभी उस लड़के की निगाह भी मुझ पर पड़ी। मुझे देखते ही वह एक पल के लिए सकपकाया था लेकिन अगले ही पल वह वहां से गायब हो चुका था। एक क्षण के लिए मेरे मन में आया कि मैं उसका पीछा करूं और उसे पकड़ कर चोरी का अहसास दिलाऊं। मैं कुछ कदम आगे बढ़ा भी मगर अगले ही क्षण, यह सोच कर कि शायद उस युवक की परिस्थितियां उसके लिए मेरे उपदेश से कहीं अधिक प्रभावी हैं, मैनें उसका पीछा करने का विचार त्याग दिया। मेरे कदम रुक गए। प्रसाद मांगते हुए भिखारी बच्चों ने मुझे पुनः घेर लिया। मैनें अपने हाथ में पकड़ा हुआ लड्डुओं से भरा लिफाफा एक भिखारी बच्चे को दे दिया और मन ही मन सम्पूर्ण घटना को एक बार पुनः पाप और पुण्य के तराजू में तोलते हुए भारी कदमों से पास खड़ी गाड़ी की ओर बढ़ गया।

11

प्रश्न

क भी-कभी जीवन में कुछ ऐसे प्रश्नों से साक्षात्कार हो जाता है जिनके सीधे और सरल उत्तर नहीं मिलते। उन्हें हल करने में शायद जीवन ही निकल जाए। हल होने पर भी इन्सान इसी भ्रम में रहता है कि उत्तर सही है या गलत। दरअसल ऐसे प्रश्नों के उत्तर का सही आंकलन होना भी मुश्किल है। इसके दो कारण हैं। पहला, एक प्रश्न के साथ कई और प्रश्न जुड़े होते हैं, और दूसरा, एक प्रश्न के कई उत्तर हो सकते हैं। कौन सा सही है और कौन सा गलत शायद आंकलनकर्ता की सोच पर या समय की मांग पर या फिर दोनों पर निर्भर करता है। यदि मैं आपसे पूछूं कि क्या एकल परिवार का सिद्धान्त, जो आजकल हमारे समाज में बहुत तेजी से पैर पसार रहा है, सही है या गलत तो आप क्या कहेंगे?... आपके मस्तिष्क में ढेरों वैकल्पिक उत्तर उभरेंगे और शायद उनसे जुड़े हुए ढेरों प्रश्न भी। फिर सही-गलत का आंकलन कैसे होगा? ऐसे प्रश्न अकसर चिरकाल तक मस्तिष्क को झिंझोड़ते रहते हैं। हम उनसे आंख भी नहीं मूंद सकते।... कुछ समय पहले ऐसे ही एक प्रश्न से मेरा भी साक्षात्कार हुआ जिसका उत्तर मैं आजतक नहीं ढूंढ पाया।

मैं दिल्ली में एक टैक्सी से सफर कर रहा था। दिल्ली की ट्रेफिक... सड़क पर जाम लगा हुआ था। टैक्सी चल कम रही थी, रुक अधिक रही थी। लगभग एक घंटे से मैं और टैक्सी ड्राईवर... दोनों... टैक्सी में बैठे सड़क पर रेंग रहे थे। बहुत बोरियत हो रही थी। बोरियत मिटाने के लिए मैनें टैक्सी ड्राईवर से बतियाना आरम्भ कर दिया।

"सर" टैक्सी ड्राईवर, जिसका नाम अशरफ था, ने बताया "मैं पिछले सत्ताईस बर्ष से दिल्ली में टैक्सी चला रहा हूं।"

"दिल्ली से हो?" मैनें पूछा।

"नहीं सर, मैं चेन्नई के पास के एक गांव से हूं।"

"बहुत दूर निकल आए घर से टैक्सी चलाने के लिए?"

"हां सर। वहां पर भी मैं टैक्सी ही चलाता था। मगर कमाई नहीं थी। अकेला था तो गुजर हो जाती थी। जब शादी हो गई तो परिवार का खर्च चलाना मुश्किल हो गया।"

"यहां तुम परिवार के साथ रहते हो?"

"शुरू-शुरू में मैं यहां अपनी बीवी और बच्चों के साथ ही रहता था। जब घर में मेरी अम्मी का इन्तकाल हो गया और अब्बा अकेले रह गए तो मैनें बीवी और दो बेटियों को घर वापिस भेज दिया।"

"और तुम यहां अकेले हो गए?"

"नहीं सर, मेरा बेटा मेरे साथ था। वह तब सातवीं में पढ़ रहा था।"

"हूं... आजकल क्या कर रहा है तुम्हारा बेटा?"

"आजकल वह घर पर है... चेन्नई में। मैं यहां पर अकेला रहता हूं।"

"दिल लग जाता है अकेले में? बच्चों को यहां बुला लेते। अब्बा को भी यहां ले आते।"

"अब्बा तो अब रहे नहीं सर। अम्मी के इन्तकाल के दो-अढ़ाई बर्ष बाद ही अब्बा भी चल बसे। घर में थोड़ी सी ज़मीन थी जो हम पांच भाई-बहनों में बंट गई। हमारे हिस्से में जो थोड़ी-बहुत ज़मीन आई उससे गुजारा तो नहीं होता मगर उसे सम्भालना तो है। बच्चों के काम आएगी। इसलिए बीवी को मैंनें घर पर ही रहने को कहा है। बेटियों की शादी हो गई है। वे अपने-अपने घरों में सुखी हैं।"

"बेटा क्या कर रहा है?"

"बेटा?" बेटे के नाम पर अशरफ ने एक गहरी सांस छोड़ी "अच्छा कमा लेता है। वह घर के पास ही सब्ज़ी मण्डी में आढ़त का काम करता है।" यह कह कर अशरफ खामोश हो गया। उसकी खामोशी में मुझे कुछ अजीब सी चुभन महसूस हो रही थी। इसलिए मैंनें उसे कुरेदा।

"अब तो तुम्हारे बेटे की... क्या नाम है उसका?"

"कबीर।"

"कबीर की शादी हो गई होगी?"

"नहीं सर" संक्षिप्त सा उत्तर दे कर वह पुनः चुप हो गया। किन्तु मैंनें उसे फिर कुरेदा।

"अब तो कबीर शादी के लायक हो गया होगा"

"हां, वह बत्तीस बर्ष का हो गया है। उम्र तो शादी की हो गई है सर, मगर वह शादी के लायक नहीं।"

"क्यों, ऐसी क्या बात हो गई?"

"क्या बताऊं सर, वह दारू बहुत पीता है। जो कुछ कमाता है सारे का सारा नशे में उड़ा देता है। अब तो दारू के साथ-साथ दवा का भी खर्च बढ़ गया है। ढेरों बीमारियां पाल रखीं हैं उसने। शरीर सूख कर कांटा हो गया है। भरी जवानी में बूढ़ा नज़र आता है वह।"

अशरफ की बात सुन कर मुझे एक झटका सा लगा। अशरफ मुझे एक भला इन्सान लग रहा था। एक भले घर का बेटा नशेड़ी कैसे हो गया? यह प्रश्न मुझे हैरान कर रहा था। इसलिए मैनें फिर कहा "उसको समझाते।"

"......" वह कुछ नहीं बोला।

"उसे कुछ दिन के लिए अपने पास बुला लो। समझाओ। वह समझ जाएगा। वहां हो सकता है किसी गलत संगत में पड़ गया हो। मां का लाड़-प्यार भी कई बार बच्चों को हकीकत से महरूम रखे रखता है। मेरी मानों तो उसे कुछ दिन के लिए दिल्ली ले आओ।"

"नहीं, मैं नहीं ला सकता उसे दिल्ली। उसकी अम्मी उसे मेरे साथ नहीं रहने देती।"

अशरफ की बात सुन कर मुझे बहुत आश्चर्य हुआ। एक मां अपने बेटे को अपने बाप के पास जाने से भला क्यों रोकेगी? इस प्रश्न ने मेरे मन में कौतुहल पैदा कर दिया।

"ऐसा क्यों?" मैनें तुरन्त पूछा।

"वह समझती है कि कबीर को नशेड़ी बनाने में मेरा हाथ है।"

"अरे..."

"हां सर" फिर कुछ रुक कर वह कहने लगा "मेरी अम्मी के इन्तकाल के बाद बीवी और बेटियां तो चेन्नई चली गईं। मैं और कबीर दिल्ली में

रह गए। मैं दिन भर टैक्सी चलाता था और रात को थका-मांदा घर लौटता था। रात को थकावट उतारने के लिए थोड़ी-बहुत दारू पी लेता था। यह मेरी आदत ही बन गई थी जिसे मैं आजतक नहीं छोड़ सका। मैं, आपसे झूठ नहीं बोलूंगा, अब भी रात को घर पहुंच कर एक-दो पैग लगा लेता हूं वरना रात को ठीक से नींद नहीं आती। और यदि रात को नींद नहीं आई तो अगले दिन टैक्सी चलाना भारी हो जाता है। मैं मानता हूं सर कि पीना अच्छी बात नहीं मगर क्या करूं, मजबूरी है। क्या मैं गलत कर रहा हूं सर?" यह कह कर वह कुछ पल के लिए रुका। इससे पहले कि मैं उसके तर्क का कोई निष्कर्ष निकालता और उसके प्रश्न का उत्तर देता, उसने मेरे उत्तर की प्रतीक्षा किए बिना पुनः कहना आरम्भ किया।

"सारा दिन टैक्सी चलाने के चक्कर में मैं कबीर को समझने या समझाने में जरूरी समय नहीं दे पाता था। उसका बहुत सा समय अकेले में गुजरता था। इसका परिणाम यह हुआ कि उसने भी मेरी पीठ पीछे अकेले घर में पड़ी दारू पीना आरम्भ कर दी।"

"तुम्हें पता नहीं चला?"

"आरम्भ में तो नहीं, क्योंकि वह मेरी बोतल से जितनी दारू निकालता था उसमें उतना पानी मिला देता था। किन्तु बाद में मुझे उस पर शक होने लगा। मैनें उससे पूछा तो नहीं मगर उस पर नज़र रखने लगा। मेरा शक सही निकला। एक दिन मैं शाम को जल्दी ही घर लौट आया। वह कमरे में अकेला बैठा दारू पी रहा था। मैनें उसे दारू पीते हुए रंगे हाथों पकड़ लिया। उसे दारू पीते देख कर मुझे बहुत दुख हुआ था सर। मेरे तन बदन में आग सी लग गई थी। मैं उसे क्या बनते देखना चाहता था और वह क्या बन रहा था। मैं कबीर पर बहुत गुस्सा हुआ 'यह तुम क्या कर रहे हो?' मैनें उससे पूछा।"

" 'वही जो तुम हर रोज़ करते हो' उसने मेरी ओर देखते हुए तपाक से उत्तर दिया। मैं उसके इस अप्रत्याशित उत्तर से ऊपर से नीचे तक हिल गया।"

'क्या कह रहे हो तुम? शर्म नहीं आती तुम्हें अपने बाप से इस तरह बात करते हुए?'

'शर्म किस बात की। तुम भी तो पीते हो।'

" 'बकवास बन्द करो' मैनें कहा और खींच कर एक चांटा उसके मुंह पर रसीद कर दिया। 'खबरदार जो तुमने इस बोतल को दोबारा छुआ भी तो।' कबीर कुछ देर तक अजीब-सी निगाहों से मुझे घूरता रहा था फिर उठ कर बाहर चला गया था।"

अशरफ ने कहना जारी रखा।

"मैनें तुरन्त अपनी बीवी को चेन्नई से दिल्ली बुलाया और सारी बात उसे बताई। उसने कबीर को समझाने की बजाए सारा दोष मुझ पर ही मड़ दिया।"

"जब तुम घर में बैठ कर बच्चे के सामने दारू पीओगे तो क्या बच्चा दारू नहीं तो दूध पीना सीखेगा?' मेरी बीवी मुझसे बोली थी। अब आप ही बताइए सर, क्या कबीर को बिगाड़ने में मेरा हाथ था?"

अशरफ के प्रश्न का मेरे पास तुरन्त कोई सरल उत्तर नहीं था, इसलिए मैं चुप रहा। मगर अशरफ ने कहना जारी रखा।

"मैनें अपनी बीवी से कहा 'कुछ दिनों में कबीर के प्लस टू के पेपर हो जाएंगे। इसे चेन्नई ले जाओ अपने साथ' और यही हुआ भी। मैनें पेपर समाप्त होते ही कबीर को वापिस घर भेज दिया। तब से आज तक वह

अपनी अम्मी के साथ चेन्नई में ही रह रहा है।" यह कह कर अशरफ चुप हो गया।

मैं भी कुछ देर तक खामोश रह कर अशरफ और कबीर के बारे में सोचता रहा। फिर बोला "अशरफ, मैं सोचता हूं कि यदि कबीर की शादी हो जाए तो वह सुधर सकता है।"

"और यदि नहीं सुधरा तो?" प्रश्न सौ फीसदी सही था। "एक बेगानी बच्ची को कौन सम्भालेगा? सर, वह अपने आप को तो सम्भाल नहीं सकता, अपनी बीवी और बच्चों को क्या सम्भालेगा।… नहीं सर, यह पाप होगा और मैं इस पाप का भागीदार नहीं बनना चाहता। वरना कौन बाप चाहता है कि उसके बेटे की शादी न हो और वह अपना घर न बसाए।"

अशरफ की बात में दम तो था। उसने अपने तर्क से मुझे निरुत्तर कर दिया था। इससे पहले कि मैं उसके तर्क पर कोई कटाक्ष करता, वह स्वयं ही कहने लगा।

"कबीर की अम्मी और मामा उसके लिए लड़की ढूंढ रहे हैं। किन्तु मैनें उन्हें साफ-साफ कह दिया है कि वे लोग जो करना चाहें करें। लेकिन इस सम्बन्ध में मुझसे पूछने की कोई ज़रूरत नहीं।… मैनें ठीक कहा न सर?"

मैं चुप था। अशरफ कहे जा रहा था "वे कह रहे हैं कि वे कबीर की शादी का सब इन्तज़ाम अपने आप कर लेंगे। जब शादी तय हो जाएगी तब वे मुझे बुलाएंगे। तब मुझे बेटे की शादी में शरीक होने के लिए चेन्नई जाना होगा।… सर, मैं कोई फैसला नहीं ले पा रहा हूं। मैं कबीर को, उसकी आदत को, उसकी सेहत को, उसके काम-काज को, घर की माली

हालत को बाखूबी जानता हूं। मुझे डर है कि मैं कहीं अपने बेटे के मोह में दूसरे घर की बेटी के जीवन को नर्क न बना दूं। कयामत के दिन अल्ला को क्या जबाब दूंगा मैं?... सर, अब आप ही मुझे बताईए कि मुझे कबीर की शादी में शरीक होना चाहिए कि नहीं?''

प्रश्न बिल्कुल सीधा और स्पष्ट था। किन्तु मेरे पास इस प्रश्न का कोई सीधा और स्पष्ट उत्तर नहीं था। उस समय तो मैनें गोल-मोल घुमा कर अशरफ से कुछ कह दिया था मगर जो कुछ भी मैनें कहा था मैं स्वयं उस से सहमत नहीं था।

अशरफ अपने बेटे की शादी में शरीक हुआ या नहीं यह तो मैं नहीं जानता मगर अशरफ का वह प्रश्न आज भी मेरे सामने उसी प्रकार सजीव चित्रित है। हमारे समाज में अशरफ और कबीर की तरह और भी कई ऐसे घर-परिवार होंगे जिन्हें इस प्रश्न का उत्तर चाहिए। यह प्रश्न मैं इसीलिए अपने पाठकों के साथ सांझा कर रहा हूं ताकि अशरफ जैसे लोगों को इस प्रश्न का सही उत्तर मिल सके।

12

उद्घाटन

द रबाज़े पर घंटी बजी। मुझे आश्चर्य हुआ। सुबह के साढ़े दस बज रहे हैं। इस समय कौन हो सकता है? अखबार वाला तो सात बजे ही बरामदे में अखबार फैंक जाता है और वह घंटी भी नहीं बजाता। दूध वाला घंटी बजाता है मगर वह भी आठ बजे दूध दे जाता है और आज का दूध आ भी गया है। उसके अतिरिक्त शायद ही कोई हो जिसे हमारे घर की घंटी बजाने की आवश्यकता पड़े। कोई मांगने वाला?... एक समय था जब यह घंटी बजते रुकती नहीं थी। सुबह से शाम तक घंटी की टर्र-टर्र... घर में बच्चे और उन के दोस्त, पड़ोसियों के बच्चे जिन की बैडमिंटन शटल या सॉफ्ट बॉल अक्सर हमारी चारदीवारी के अन्दर गिरे रहते थे, रिश्ते-नाते, दोस्त-मित्र और कई मिलने-गिलने वाले ज़रूरतमन्द लोग।... बच्चे बड़े हो गए और पढ़ाई के चक्कर में घर से दूर चले गए। नौकरी निजी क्षेत्र में मिली, वह भी घर से बहुत दूर। आरक्षण नीति के सदके राज्य में सरकारी नौकरीयां तो कुछ जाति-विशेष के लिए ही सिमट कर रह गईं हैं। गुणवत्ता का सवाल ही पैदा नहीं होता। और हमारे राज्य में निजी क्षेत्र इतना विकसित हो नहीं पाया कि युवाओं को राज्य में ही उचित काम मिल सके।

मैं नौकरी से रिटायर हुआ तो जैसे अपना अस्तित्व ही मिट गया। घर में आने-जाने वालों में लगभग पूर्ण विराम ही लग गया। 'कुर्सी को सलाम होता है' सुना था, मगर उसका सही अर्थ अब समझ में आया था। फिर बुढ़ापा भी तो किसी छूत की बिमारी से कम नहीं। हर शख्स बुजुर्ग लोगों के पास बैठने से कतराता है, मानों पास बैठने से बुढ़ापा उससे ही चिपट जाएगा। फलत: धीरे-धीरे दरबाज़े पर घंटी का बजना कम होता चला गया। अब तो यह आलम है कि वह घंटी जो पहले बजती थमती नहीं थी, अब ऐसी थमी है कि बजती ही नहीं। कभी बजती है तो आश्चर्य होता है।

घंटी फिर बजी। मैंनें हाथ में पकड़ा अखबार सोफे पर रखा। तभी रसोई से श्रीमती जी की आबाज़ आई "घंटी बज रही है। देखो तो कौन है?"

"जा रहा हूं भाग्यवान" मैंनें पांवों में चप्पल पहनते हुए कहा।

बाहर जा कर देखा तो हैरान हो गया। गेट पर मेरा मित्र बुद्धिजीवि खड़ा था।

"सुबह-सुबह कहां घूम रहे हो भाई?"

किन्तु मेरे प्रश्न का उत्तर देने की बजाए उसने मुझ पर ही प्रश्न दाग दिया।

"तुम तैयार नहीं हुए अभी?"

"तैयार? क्यों? कहां जाना है मुझे?"

"उद्घाटन के लिए।"

"उद्घाटन के लिए? कमाल है, मुझे उद्घाटन के लिए जाना है और मुझे पता ही नहीं!"

"उद्घाटन तुम्हें नहीं करना, तुम्हें तो केवल ताली बजानी है। उद्घाटन का काम हमारे विधायक जी कर लेंगे।"

"तो ऐसे कहो न।"

"कह तो रहा हूं।"

हम अन्दर आ गए।

"उद्घाटन किस चीज़ का हो रहा है?" मैनें पूछा।

"वृद्धाश्रम का।"

"वृद्धाश्रम का?" एक और आश्चर्य "कहां?"

"प्रदशर्नी मैदान में।"

"प्रदशर्नी मैदान में?"

"हां, उसी के पास।"

"उसके पास कहां?"

"शर्मा जी, सवाल-जबाब सब वाद में। पहले चलने की तैयारी करो। वरना हमें ताली बजाने का अवसर भी नहीं मिलेगा। और मैं नहीं चाहता कि इस नेक काम में हमारा इतना-सा भी योगदान न हो पाए।"

अगले सात मिनट में मैं और बुद्धिजीवि पैदल उद्घाटन स्थल की ओर जा रहे थे।

"वृद्धाश्रम बना कहां पर है?" चलते हुए मैनें अपना प्रश्न दोहराया।

"प्रदर्शनी मैदान के पास की गली में... गोपाल मन्दिर के परिसर में" बुद्धिजीवि ने बताया।

माननीय विधायक जी अपने विशेष लोगों और कुछ प्रशासनिक अधिकारियों के साथ सरकारी गाड़ियों में उद्घाटन स्थल तक आएंगे और रिबन काट कर उद्घाटन कार्य सम्पन्न करेंगे। उस समय आम लोगों को मन्दिर परिसर में जाने की मनाही होगी। विधायक जी का भाषण प्रदर्शनी मैदान में एक भव्य सुसज्जित मंच से होगा।

"मगर आम जनता को मन्दिर परिसर में जाने की मनाही क्यों है?"

"कारण तो सुरक्षा का दिया गया है मगर वास्तव में डर ट्रैफ़िक जाम और भगदड़ मचने का है" बुद्धिजीवि ने बताया।

वैसे ऐसा नहीं था कि मन्दिर वाली गली तंग थी, अलवत्ता उसे तंग अवश्य कर दिया गया था। पैदल चलने के लिए आधी से भी कम गली बची थी। आधी गली तो विधायक जी के कृपा-पात्र दुकानदारों की दुकानों के सामान से सजी-संवरी रहती थी। इनमें अधिकतर दुकानें पूजा सामग्री की थीं। धार्मिक आस्था का प्रश्न था। इसलिए कोई भी आम इन्सान इस अनियमितता के विरुद्ध आवाज़ उठाना गवारा नहीं कर सकता था। कोई आवाज़ उठा कर तो देखे!... एक बार कुछ नियम-पसन्द आम लोगों ने हिम्मत जुटाई भी थी। मगर दुकानदारों ने इसे ऐसा धार्मिक रंग दिया कि चन्द मिनटों में ही गली में ज़बरदस्त हंगामा हो गया था। लात, घूंसे और लट्ठ चलने लगे थे। दुकानों का सामान लुट गया था। गाड़ियों के शीशे टूट गए थे। आगजनी हो गई थी। कई जिस्म लहू-लुहान हो गए थे। कई दिन अस्पताल में बिताने के वाद और महीनों कोर्ट-कचहरीयों के चक्कर लगाने के वाद नियम-पसन्द लोगों की ज़ुबान पर ताले लग गए थे और दुकानदारों के हौसले और भी बुलन्द हो गए थे।

लिहाज़ा पन्द्रह फुट की पक्की गली सिकुड़ कर मात्र सात-आठ फुट की रह गई थी। अब इस गली में एक समय में केवल एक ही गाड़ी व-मुश्किल मन्दिर तक आ-जा सकती थी।

वैसे हमारा देश है बहुत विचित्र। गली कितनी भी संकरी हो, भीड़ कितनी भी अधिक हो, ट्रैफ़िक कितनी भी भारी हो, सरकारी गाड़ियों का आवागमन कभी अवरोधित नहीं होता। उनके सायरन में बहुत दम है। मंत्री, विधायक, प्रशासनिक अधिकारी, बाहुबली व विशिष्ट लोगों की गाड़ियां जब चाहें, जहां चाहें, जैसे चाहें आ-जा सकती हैं। आवागमन पर रोक केवल उस जनता के लिए है जो आम है, जिसने खास लोगों को उनकी पहचान दी है। कैसी विडम्बना है!

"सरकार को इस शहर में वृद्धाश्रम बनाने की क्या आवश्यकता पड़ी?" मैनें अगला प्रश्न दागा "मुझे तो पूरा शहर ही वृद्धाश्रम लगता है। सरकार नए भवन बनाने की बजाय इस शहर को ही वृद्धाश्रम मान कर गोद क्यों नहीं ले लेती?"

"क्यों?"

"देख नहीं रहे शिक्षा एवं रोजगार की तलाश में किस गति से इस शहर से युवाओं का पलायन हो रहा है? पीछे घरों में केवल बुजुर्ग ही बचे हैं।... हमारा शहर बहुत बूढ़ा हो गया है मेरे भाई। इस समूचे शहर को ही वृद्धाश्रम घोषित कर देना चाहिए।"

"तुम्हारा कथन कुछ हद तक ठीक है मगर बहुत से घर ऐसे भी हैं जिन में भरा पूरा परिवार होने के बावजूद भी बुजुर्ग घर में अकेले और दुखी हैं। किसी को बुजुर्गों का रहन-सहन पसन्द नहीं। किसी को बुजुर्गों के दकियानूसी विचारों से एलर्जी है। किसी को बुजुर्गों की बिमारी और

लाचारी से परेशानी है। कोई मंहगाई और खर्च की दुहाई देकर मां-बाप से अलग रहना चाहता है। कहीं पर सम्पत्ति को लेकर बाप-बेटों में झगड़ा चल रहा है। कहीं पर सास-बहुओं में ठनी हुई है। कुल मिला कर क्लेश बुजुर्गों को ही है। ऐसे बुजुर्ग लोग जो किसी न किसी कारण से अपने बच्चों द्वारा लताड़े, दुत्कारे और अपमानित किए जाते हैं उनका क्या? उन्हें भी तो समाज में रहने और जीने के लिए कोई जगह चाहिए। ऐसे वृद्धाश्रम शायद उनको कुछ राहत दे सकें।"

इसी प्रकार तर्क-वितर्क करते हुए हम प्रदशर्नी मैदान में आ पहुंचे। विधायक जी का भाषण चालू हो चुका था। मुझे आश्चर्य हुआ। मेरे इस आश्चर्य के पीछे दो कारण थे। पहला, मैदान में इकट्ठा हुआ अपार जन समूह। प्रश्न था, क्या विषय सच में इतना संजीदा है जिसने हजारों लोगों की भीड़ आकर्षित कर ली है या फिर इस शहर में इस प्रकार के प्रोजेक्ट का प्रथम लॉन्च होने के कारण इतना जन-समूह उमड़ पड़ा है? दूसरा आश्चर्य मुझे विधायक जी के तय समय पर पहुंचने पर हुआ। घंटा-दो घंटे की देरी तो इन लोगों के लिए आम बात है। इसी से तो ये लोग आम जनता को अपने बड़प्पन का अहसास करवाते हैं। आम लोगों का क्या है? प्रतीक्षा तो उनकी नियती है। खैर, कारण जो भी रहा हो, मैं आश्चर्यचकित अवश्य था।... हम भी भीड़ के पीछे एक किनारे पर खड़े हो कर विधायक जी का प्रवचन सुनने लगे।

"आपने देखा कि हमारी सरकार अपने बुजुर्गों के प्रति कितनी चिन्तित है। 'गोपाल वृद्ध आश्रम' पहले भी तो बन सकता था। लेकिन नहीं बना। बनता कैसे? किसी ने सोचा ही नहीं। सोचने का मौका ही नहीं मिला। पिछली सरकार को अपना व अपने चहेतों का घर भरने से फुर्सत मिलती तब न। चुनाव के समय मैनें आप लोगों से वायदा किया था कि मैं

आते ही इस शहर की काया पलट दूंगा। आज गोपाल वृद्ध-आश्रम का लोकार्पण करते हुए सच में मुझे बहुत प्रसन्नता हो रही है। और भी बहुत से प्रोजेक्टस हैं मेरे दिमाग में, जैसे कालेज, अस्पताल, पार्किंग, इत्यादि, जिन पर मैं आज ही मुख्य मंत्री जी से चर्चा करूंगा। इस कार्यक्रम के तुरन्त वाद मुझे मुख्य मंत्री जी से मिलना है।"

'ओह! तो यह कारण था विधायक जी के समय पर पहुंचने का।' मेरी एक शंका का निवारण तो हो गया। मुख्य मंत्री जी का अपने मंत्री मण्डल पर पूरा दबदबा है। कोई भी मंत्री या विधायक उनकी अवज्ञा करने की सोच भी नहीं सकता। उन्होंने यदि दस बजे बुलाआ है तो दस बजे पहुंचना है... न एक मिनट ऊपर न एक मिनट नीचे।

सारा मैदान तालियों से गूंज उठा। हमने भी ताली बजा कर अपने आने का कर्तव्य पूरा कर दिया। विधायक जी के लिए नारे गूंजने लगे। मुख्य मंत्री जी से मिलने का कारण कुछ भी रहा हो, विधायक जी ने तो उसे अपने पक्ष में भुनवा ही लिया था। इसी को तो ऐसे राजनेताओं की भाषा में राजनीति कहते हैं।

तालियों और नारों को समय देने के वाद विधायक जी ने पुनः कहना आरम्भ किया "मुझे एक लिस्ट दी गई है। इस में आठ लोगों के नाम हैं, जिनमें दो महिलाएं हैं और छः पुरुष। मुझ से यह आग्रह किया गया है कि मैं इन बुजुर्गों को अपने हाथों से चाबी सौंप कर गोपाल वृद्धाश्रम का शुभारम्भ करूं। आज हम इन लोगों को चाबी दे कर गोपाल वृद्धाश्रम में इनका स्वागत करेंगे। अब यह इनका नया घर होगा। यहां हम इन्हें अपने घर जैसा माहौल तो नहीं दे सकते किन्तु फिर भी हमारी पूरी कोशिश रहेगी कि आश्रम में इन्हें वे तमाम सुख-सुविधाएं उपलब्ध कराई जाएं जिससे इनका रहन-सहन जीवन-यापन आराम से हो सके।"

समस्त पण्डाल एक बार पुनः आम जनता की तालियों की गड़गड़ाहट से गुंजायमान हो उठा। जब तालियों का शोर कम हुआ तो मंच पर नाम पुकारे जाने लगे और विधायक जी के कर कमलों द्वारा उन्हें चाबियों से नबाज़ा जाने लगा। जो भी बुजुर्ग मंच पर आता, संक्षेप में उसका परिचय आम जनता से करवाया जाता।... कोई अपने अकेलेपन से लाचार था तो कोई खाते-पीते घर में अपने बच्चों पर बोझ था। किसी के बच्चे विदेश में बस गए थे तो किसी का बाढ़ ने सर्वस्व उजाड़ दिया था। एक महिला को उसके बेटे ने ही उस पर अपनी बहु पर जादू-टोना करने का लांछन लगा कर उसे घर से बाहर निकाल दिया था... वगैरह, वगैरह।

विधायक जी ने अपने हाथों से केवल सात लोगों को ही चाबियां दीं, क्योंकि उनका लक्की नम्बर सात था। आठवीं चाबी उन्होंने मंच पर विराजमान एसडीएम साहिबा से दिलवा दी। तालियों की गड़गड़ाहट से उद्घाटन समारोह सम्पन्न हुआ। विधायक जी तुरन्त बिना चाय नाश्ता किए मंच से सीधे अपने वाहन की ओर दौड़े। मुख्य मंत्री जी के समक्ष उपस्थित होने का समय हो रहा था। मैं और बुद्धिजीवि भी तालियां पीट कर घर को लौट पड़े।

वापसी पर मेरे मन में ढेरों प्रश्न कुलबुला रहे थे।

''यह तो बुजुर्गों की समस्या का हल नहीं हुआ'' मेरे मुंह से निकला।

''क्यों?'' बुद्धिजीवि ने पूछा।

''यह तो समस्या को टालने की बात हुई।... समस्या तो कुछ और ही है। मज़ा तो तब है जब वृद्धाश्रम बनाने की नौवत ही न आए।''

''मैं तुम्हारा मतलव नहीं समझा।''

"समझाता हूं।... मुझे यह बताओ, हमारे दादा-परदादा या उनके दादा-परदादा क्या बुढ़ापे में घरों से बाहर वृद्ध आश्रमों में रहते थे? ऐसा सुना है तुमने कभी?... उन्होंने तो कभी, जैसा कि मैं जानता हूं, अपने घर में अपने आप को अकेला नहीं समझा। जीवन पर्यन्त वे एक भरे-पूरे परिवार में रहते बसते रहे।... ठीक या गलत?"

"तो?"

"तो आज यह समस्या क्यों पैदा हो गई? आज बूढ़े मां-बाप अपने बच्चों पर बोझ क्यों बन गए?"

"इसके कई कारण हो सकते हैं।"

"कई कारण नहीं, एक ही कारण है और वह है हमारी शिक्षा नीति जो केवल और केवल विज्ञान और तकनीकि भाषा ही बोलती है। उसने हमारे संस्कार, जीवन-मूल्य, जीवन-दर्शन, आत्म-दर्शन, इन्सान और इन्सानियत जैसे विषयों को पूरी तरह से नज़र-अन्दाज़ कर रखा है और ये वे विषय हैं जो एक सशक्त परिवार का आधार हैं। इन्हीं से एक समाज का सृजन और निर्माण होता है। आज की शिक्षा का उद्देश्य बच्चों को केवल और केवल धन उपार्जन की मशीनें बनाने तक ही सीमित है। तुम्हें नहीं लगता कि पैसे की दौड़ में हम सदियों से संजोए हुए हमारे संस्कारों से, जो हमें घर और समाज में जीने का सलीका सिखाते हैं, तीव्र गति से दूर होते जो रहे हैं?... पहले संयुक्त परिवार होते थे। घर में एक-दूसरे का सुख-दुख बंटता था। सब कितने सुखी थे। फिर अचानक पता नहीं कहां से कौन सी आंधी आई कि संयुक्त परिवार तिनकों की तरह बिखरने लगे। एकल परिवारों का चलन बढ़ने लगा। ज्यों-ज्यों परिवार एकल होते चले गए, त्यों-त्यों सामाजिक कुरितियां और समस्याएं भी बढ़ती चली गई। रिश्तों में दरारें आने लगी। लोग तन्हा हो गए। तनाव-ग्रस्त रहने लगे। चिड़चिड़े

हो गए। तरह-तरह की मनोवैज्ञानिक व शारीरिक बिमारियों के शिकार हो गए। उसी का परिणाम है कि आज घर में बुजुर्गों के लिए कोई जगह नहीं बची। वह घर जिसे उन्होंने इतनी लगन और मेहनत से बनाया था, संजोया था, संवारा था आज पराया होने लगा था।"

"शर्मा जी, आज तुम बहुत दार्शनिक हो रहे हो। ऐसे भाषण देना तो मेरा काम है।" बुद्धिजीवि ने कहा।

"यह भाषण नहीं मेरे भाई, हकीकत है। आज की युवा पीढ़ी को इन चीजों का ज्ञान होना बहुत आवश्यक है। मैं तो यह कहता हूं कि सरकार को वृद्धाश्रम बनाने की बजाए अच्छी शिक्षा, अच्छे शिक्षक और अच्छे स्कूलों की ओर ध्यान देना चाहिए। पाठयक्रम में संस्कार और जीवन मूल्यों का उचित समायोजन करना चाहिए ताकि बच्चे समग्र शिक्षा ग्रहण कर सकें। वे अच्छे विज्ञानिक या उच्च अधिकारी बनने के साथ-साथ अच्छे इन्सान भी बन सकें। जब ऐसा होगा तब किसी भी बुजुर्ग को वृद्धाश्रम जाने की ज़रूरत नहीं पड़ेगी या यूं कहूं कि तब वृद्धाश्रम बनाने की नौबत ही नहीं आएगी।"

"शर्मा जी, मैं काफी हद तक तुम्हारे विचारों से सहमत हूं। किन्तु शायद तुम यह सोच रहे हो कि वे सभी लोग, जो वृद्ध आश्रम में जाना चाहते हैं, हमारे विकृत या विस्मृत संस्कारों के ही शिकार हैं। हादसे भी तो हो सकते हैं। हो सकता है इन में बहुत से लोग ऐसे हों जिन्हें वास्तव में वृद्धाश्रम जैसा सहारा चाहिए। समाज को उनके सम्बन्ध में भी तो सोचना है। खैर…" बुद्धिजीवि ने बात बदलते हुए कहा "तुम्हारा बेटा शिवा जर्मनी से कब लौट रहा है? उसे गए हुए काफी समय हो गया है।"

"बहुत शीघ्र।… उसकी कम्पनी ने उसे छः महीने की ट्रेनिंग के लिए भेजा था। छः महीने के बाद वह एक साल के लिए और रुक गया था।

अब वह बहुत जल्द वापिस आने वाला है। उसकी मां तो उससे मिलने के लिए वेचैन बैठी है।"

घर आ चुका था। मैं घर का गेट खोल कर अन्दर दाखिल हो गया। मैंनें बुद्धिजीवी को भी अन्दर आने के लिए कहा, किन्तु वह किसी जरूरी काम के कारण अपने घर की ओर बढ़ गया। मुझे देखते ही मेरी पत्नी वोली "कर आए वृद्धाश्रम का उद्घाटन?"

"हां" मैंनें संक्षिप्त-सा उत्तर दिया और सोफे पर पसर गया। मन उदास था।

"शिवा की ई-मेल आई है" पत्नी ने बताआ।

"क्या लिखा है?"

"पढ़ी नहीं। मेरे मोवाइल पर खुल नहीं रही। अपने लैपटॉप पर देखो। अपने आने के बारे में लिखा होगा।"

"कब आई मेल?" मैंनें लैपटॉप खोलते हुए पूछा।

"तुम्हारे उद्घाटन समारोह में जाते ही।" पत्नी ने उत्तर दिया और मेरे पास ही खड़ी हो गई।

जैसे ही मैंनें मेल पढ़ी, मेरे पांव तले से जमीन निकल गई। लिखा था 'डैडी, मुझे अमरीका में एक बहुत अच्छे जॉब की ऑफर मिली है। मेरा कैरीयर बन जाएगा। मैं अगले सप्ताह डेट्रॉयट जा रहा हूं।'

"क्या लिखा है?... कब आ रहा है शिवा?" मेरी पत्नी ने पूछा।

मैंनें बिना कोई उत्तर दिए चुपचाप लैपटॉप उसके आगे सरका दिया। मेल पढ़ते ही उसके चेहरे का रंग उड़ गया और मुंह से निकला "यह कैसे हो सकता है? शिवा ने तो मुझसे इसी सप्ताह वापिस आने के लिए कहा

था।... नहीं, यह नहीं हो सकता। आप उसे तुरन्त वापिस आने को कहिए।”

उसे चक्कर आ गया। मैनें तुरन्त उसे सहारा दे कर सोफे पर बिठाया और पानी लेने के लिए रसोई की ओर दौड़ा। यकायक मेरी आंखों में उस वृद्ध पुरुष का चेहरा सजीव हो उठा था जो अपने कांपते हाथों से विधायक से वृद्धाश्रम की चाबी ले रहा था।

13

मजबूरी का दूसरा नाम मैक्स

जरा सोचिए, सर्द ऋतु की सुबह हो। एक पैंसठ बर्ष की दहलीज़ पार कर चुका पचास किलो बजनी पतला-दुबला शख्स, रुआंसे-से चेहरे में, एक सत्तर किलो इंगलिश मास्टिफ कुत्ते को जंजीर के सहारे सड़क पर घसीटता हुआ चलता दिखे और उसके दूसरे हाथ में कुत्ते का मल इकट्ठा करने के लिए पूप-स्कूप हो तो आपको कैसा लगेगा?... जैसा आपको लगेगा, ठीक वैसा ही वे मुझे भी लगता है। कभी उस पर हंसी आती है, कभी आश्चर्य होता है तो कभी तरस आता है।

मैं पीके 'प्रेमी' की बात कर रहा हूं। सेवानिवृत्त तहसीलदार पीके कुछ ही समय पहले हमारी सोसायटी में आ कर रहने लगे हैं। पीके से क्या बनता है पता नहीं मगर 'प्रेमी' उनका उपनाम है। सुना है पीके कभी शेयरो-शायरी करते थे लेकिन अब घर की चाकरी तक ही सीमित रह गए हैं। यह भी सुना है... सही है या गलत नहीं पता... कि रिटायरमेंट से कुछ ही समय पहले किसी गैरकानूनी गतिविधि में संलिप्त पाए जाने के कारण उन्हें समय-पूर्व ही पद त्यागना पड़ा था। शर्मिन्दगी से बचने के लिए... शायद... उन्होंने अपना मूल स्थान भी त्याग दिया और अब वे यहां आ कर रहने लगे हैं। स्वभाव से उदार हैं और बातचीत में मितभाषी। किन्तु

बातचीत चल पड़े तो उनका शायराना अन्दाज झलकने लग ही जाता है। सुबह सैर करते हुए अक्सर मिल जाते हैं। लेकिन कुत्ते को साथ लेकर घूमना, यह उनका नया शौक है।

उम्र की इस दहलीज़ पर उन्होंने यह कैसा शौक पाल लिया है, ऐसा एक बार सैर करते हुए मैंने उनसे पूछ ही लिया तो वे बोले "शौक क्या मजबूरी है शर्मा जी।"

मैं उनके साथ-साथ चलने लगा। बात आगे बढ़ाई।

"मेरे विचार में कुत्ता पालने के शौकीन लोग दो प्रकार के होते हैं। एक वे जिन्हें कुत्ते पालने का जेन्युइन शौक होता है और दूसरे वे जिन पर यह शौक थोंपा जाता है। पहली श्रेणी के लोगों के पास कुत्ते पालने के लिए सुबिधाएं भी होती हैं और संसाधन भी। वे इसमें आनन्द लेते हैं। लेकिन दूसरी श्रेणी के लोगों के पास उपयुक्त सुबिधाएं और संसाधन तो नहीं होते मगर कुत्ते पालना उनकी मजबूरी होती है। मजबूरी कई कारणों से हो सकती है। बहुत से लोग देखा-देखी एक प्रतिष्ठा के प्रतीक अर्थात् 'स्टेट्स सिम्बल' के तौर पर कुत्ते पालते हैं। और कुछ लोगों के लिए बाल-हठ, स्त्री-हठ, घर की निगरानी, अकेलापन या कुपित ग्रह शान्त करने का किसी पण्डित या ओझा द्वारा सुझाया गया उपाय मजबूरी बन जाता है। दूसरी श्रेणी के लोगों के लिए कुत्ते पालने का शौक अक्सर जी का जंजाल बन जाता है।... थोंपा हुआ शौक, शौक नहीं सिर-दर्द होता है।... अब आपके कथनानुसार आप दूसरी श्रेणी के प्राणी हैं। आपकी क्या मजबूरी है?"

"पत्नी-हठ।"

"तो भाभी जी को कुत्ते पालने का शौक है।"

"कभी था… मगर यह कुत्ता 'मैक्स' हमारा नहीं, मेरे साला साहिब का है। कुछ ही दिन पहले मुम्बई से यहां लाया गया है।"

"और आपके साला साहिब?"

"अमरीका में हैं"

"कहानी पेचीदा है। समझने की कोशिश कर रहा हूं।… यह कुत्ता यानि कि मैक्स आपका नहीं, आपके साला साहिब का है जो अमरीका में रहते हैं।"

"रहते हैं नहीं, आजकल अमरीका में हैं" पीके ने मेरी गलती सुधारी।

"और मैक्स आपके पास है और आपको कुत्ते पालने का बिल्कुल शौक नहीं। मैक्स कुछ ही दिन पहले मुम्बई से यहां लाया गया है। तो मुम्बई में कौन है?"

"यह…" पीके ने दीर्घ निःश्वास छोड़ते हुए कहा "एक लम्बी कहानी है। सुनना चाहोगे?"

"सुनाओगे तो अवश्य सुनुंगा"

"यह कहानी लगभग सात साल पहले आरन्भ हुई जब जूही, मेरी बेटी, प्लस टू में पढ़ रही थी। मेरी पत्नी अंजली को किट्टी पार्टियों का शौक जागा। आप तो जानते ही होंगे कि किट्टी पार्टियों में क्या होता है… फिजूल की चर्चा, लन्च और तम्बोला। चर्चा के चार मुख्य विषय होते हैं… ज्युलरी, ड्रेस, पेट डॉगज़ और टूरिज़म।… किसने कैसी ज्युलरी और ड्रेसिज़ पहन रखे हैं… देशी या विदेशी… किसके घर में कौन-कौन से पालतू कुत्ते हैं… घरों में कुत्ते पालना स्टेटस सिंबल समझा जाता है… कुत्तों की जितनी महंगी और दुर्लभ नस्ल, उतना ही बड़ा स्टेटस। छुट्टियों

में कौन कहां गया... विदेश-भ्रमण देशीय-भ्रमण से अधिक प्रतिष्ठित माना जाता है... छुट्टियां घरों में काटने वाले लोग दकियानूस बताए जाते हैं... किस-किस जगह पर किस-किस चीज़ की शॉपिंग हुई... वगैरह-वगैरह। और यदि इन सब से समय बच गया तो सास-बहु, ननद-भाभी या आस-पड़ोस की चर्चा और कानाफूसी।"

"सही कहा आपने।...'किट्टी पार्टी' पार्टी कम 'शो-ऑफ' बिज़नेस अधिक होती है।" मैंने अपनी राय पेश की।

"अंजली पर जल्दी ही किट्टी पार्टियों का असर दिखाई देने लगा।" पीके ने अपनी बात जारी रखी। "उसकी शॉपिंग लिस्ट लम्बी होने लगी। शॉपिंग बजट में ज़बरदस्त उछाल आ गया। इंटरनेट का प्रयोग बढ़ गया। घर में ज्यूलरी और ड्रेसिज़ का स्टॉक बढ़ने लगा। टूरिस्ट स्पॉटस ढूंढे जाने लगे। फिर एक दिन अंजली ने घर में एक बढ़िया नस्ल का कुत्ता पाल कर अपना स्टेटस बढ़ाने का सुझाव पेश कर दिया। जूही ने 'वाओ' कहा और ताली बजाई। किन्तु मैंने इस सुझाव पर तुरन्त वीटो लगा दिया। घर का महौल तनाव-ग्रस्त हो गया। मैं अक्लमन्द शख्स से एकाएक संकीर्ण सोच वाला रूढ़िवादी घोषित हो गया। पत्नी अनशन पर उतर आई। मायके जाने की धमकी दे दी गई। जूही ने भी मुझ पर नाराजगी जताते हुए भौंएं तरेरीं और मौन व्रत धारण कर लिया। घर में घटित इस अप्रत्याशित घटना ने मुझे अन्दर तक हिला दिया। इससे पहले कि माहौल किसी नाजुक स्थिति पर पहुंच जाता, मैंने समय की नज़ाकत भांपते हुए अंजली और जूही के हठ के आगे अपने हथियार डाल दिए। स्त्री-हठ विजयी हुआ। मेरी पत्नी तुरन्त अपनी सहेली के किसी जानकार से इंगलिश मास्टिफ नस्ल का पिल्ला दस हजार रुपये में खरीद लाई। अंजली और जूही अपनी जीत पर प्रसन्न थीं। मेरी नाराज़गी नज़र-अन्दाज करते हुए

उन्होंने कुत्ते के नामकरण के लिए एक भव्य पार्टी का आयोजन किया जिसमें उसके किट्टी मेंबरज़ के साथ-साथ उसके दफ्तर के सहकर्मी व आस-पड़ोस के लोग आमन्त्रित किए गए। जूही की कुछ सहेलियों ने भी पार्टी की शोभा बढ़ाई। नामकरण हुआ... मैक्स... और जो पैसा मैनें घर की किश्त देने के लिए रखा था वह पार्टी के आयोजन में चला गया।... इस प्रकार मैक्स हमारे तीन कमरों के फ्लैट में परिवार का चौथा सदस्य बन कर रहने लगा।"

"मगर तुम तो कह रहे थे कि मैक्स तुम्हारे साला साहिब का है" मैनें पूछा।

"अरे सुनो तो सही। मैक्स को हमारे घर का सदस्य बने मुश्किल से एक सप्ताह हुआ होगा कि गांव से बाबू जी का आगमन हो गया। उन्हें घर में जानवर रखने से जबरदस्त एलर्जी है। वे घर में किसी भी प्रकार का जानवर पालने के विरुद्ध हैं। उनका मानना है कि घर की चारदीवारी में किसी पक्षी या जानवर को कैद करके रखना जानवरों के प्रति क्रूरता है और यह मनुष्य के लिए स्वस्थकर भी नहीं। इसलिए घर में मैक्स को देखकर वे एकदम भड़क गए। उन्होंने निर्णायक स्वर में कहा 'या तो इस घर से मैक्स जाएगा या उनका यहां आना बन्द हो जाएगा।' हमनें बाबू जी को समझाने की बहुत कोशिश की।... मैक्स के रखरखाव में पूरी सावधानी बरतने की बात की... दस हजार के खर्चे की बात की जो उसकी खरीद पर हो चुका था... 'मैक्स को कहां छोड़ें' की बात हुई... मगर बाबू जी थे कि वे अपने निर्णय से टस-से-मस नहीं हुए।... हमें दोनों में से किसी एक को चुनना था... बाबू जी या मैक्स। मेरे लिए तो चुनाव एकदम आसान था... बाबू जी रहेंगे, मैक्स जाएगा। मगर अंजली और जूही के लिए चुनाव मुश्किल था। उन्हें दोनों चाहिए थे। वे दोनों में से

किसी को भी खोना नहीं चाहते थे। उधर बाबू जी का हठ भी बरकरार था। जब तुरन्त कोई फैसला नहीं हो पाया तो बाबू जी ने कसी हुई डोर में तानिक ढील दी "ठीक है, मैं तुम्हें सुबह तक का समय देता हूं। निर्णय कर लेना... मैं या मैक्स।"

"यह फैसला तो सच में मुश्किल था" मैनें कहा "अगले दिन क्या हुआ?"

"उसी रात इस महाभारत का समाचार अंजली ने अपने मायके को प्रेषित कर दिया। घटना के दृष्य का वर्णन उसने न जाने कैसे मार्मिक ढंग से प्रस्तुत किया था कि उसका भाई देव यानि कि मेरे साला साहिब अगले ही दिन पहली फ्लाईट से मुम्बई से हमारे यहां आ पहुंचा। जब मैनें उसे वास्तुस्थिति का बोध करवाया तो वह बोला "बस, इतनी सी बात है?" फिर वह अंजली की तरफ देखते हुए बोला "मैं तो समझा था कि... खैर, आप चिन्ता मत करिए। इस समस्या का हल मेरे पास है। मैं मैक्स को मुम्बई ले जाता हूं। यह हमारे साथ रहेगा।... ओके?"

"ओके"... इससे पहले कि अंजली या जूही कुछ कहती मैनें तुरन्त हामी भर दी। मेरे तो मन की हो रही थी। अंजली और जूही को जैसे सांप सूंघ गया। वे चुप रहीं।... इस प्रकार मैक्स मुम्बई पहुंच गया।"

"समय बीतता रहा। मैक्स बड़ा होता रहा। वीडियो कॉल द्वारा अंजली और देव में मैक्स के हालचाल का आदान-प्रदान होता रहा। इसी सिलसिले में अंजली के मुम्बई के चक्कर भी बढ़ गए। इसी दौरान देव का बेटा शिव नौकरी के चक्कर में अमरीका चला गया। कुछ समय पश्चात उसने जूही को भी पढ़ाई के लिए अमरीका बुला लिया। वह भी अब अमरीका में ही नौकरी कर रही है। रिटायरमैंट के वाद हम दोनों... अंजली और मैं... यहां आ गए।"

'यहां क्यों आ गए' मैनें नहीं पूछा।

पीके ने कहना जारी रखा "पिछले महीने अंजली ने मुझे बताया कि देव और मंजू... देव की पत्नी... एक महीने के लिए शिव के पास अमरीका जा रहे हैं। वह भी उनके साथ अमरीका जाना चाहती है। जूही से मिले बहुत समय हो गया है। मैं एक महीने के लिए मैक्स यहां रख लूं... अपने पास। जब मैनें आनाकानी की तो उसने यह कह कर मेरा मुंह बन्द करवा दिया कि देव ने भी तो मुश्किल समय में मैक्स को अपने साथ ले जा कर हमारी मदद की थी... यानि कि ब्लैक मेलिंग। इस प्रकार अंजली, देव और मंजू अमरीका चले गए और मैक्स मेरे जी का जंजाल बन कर मुम्बई से मेरे पास आ गया। आजकल सुबह से शाम तक इसी की गुलामी कर रहा हूं।"

"सारा दिन की गुलामी क्यों? सुबह या शाम या दोनों समय मैक्स के साथ कुछ देर घूम लो और बस..."

"यह इतना आसान नहीं शर्मा जी जितना आप समझ रहे हैं।... अमरीका जाने से पहले अंजली ने बीस पृष्ठों का प्रिंटिड मैटर, वह भी सिंगल स्पेस में, मेरे हाथ में थमा दिया था जिसमें मेरे लिए निर्देश थे कि मुझे मैक्स सम्बन्धित किन-किन बातों का ध्यान रखना है... इतने निर्देश तो शायद अन्तरिक्ष में जाने बाले विज्ञानकों को भी नहीं दिए जाते होंगे... मैक्स के उठने, नहाने, खाने, घूमने और आराम करने सम्बन्धी विस्तृत जानकारी।... सुबह और शाम, दोनों समय, साढ़े छः और सात के बीच सैर... हर चौथे दिन सुबह सात और साढ़े सात के बीच स्नान और स्नान में प्रयुक्त होने वाले प्रसाधनों की लम्बी लिस्ट -साबुन, शैंपू, सफेद सिरका, बिभिन्न प्रकार के तौलिए, बाथमैट, वाटर स्प्रेयर, परफ्यूम... खाने में शुद्ध शाकाहारी व्यंजन -चपाती, ब्रैड, चावल, गाजर, चुकंदर,

कद्दू, सेब, केला, पपीता, खरबूजा, तरबूज, आम, अमरूद, नशपाती, चीकू, और तरह-तरह के कॉमर्शियल फूडज़, वगैरह-वगैरह। दोपहर बाद तीन से पांच बजे के बीच इसे शास्त्रीय संगीत सुनने का बहुत शौक है। अंजली मुझे एक पेन ड्राईव दे गई है जो मुझे प्रतिदिन दोपहर बाद मैक्स के लिए बजानी होती है। हालांकि इंगलिश मास्टिफ नस्ल के कुत्ते सर्दियां सहन कर लेते हैं फिर भी यदि तापमान शून्य के आसपास गिर जाए, जैसे कि यहां सर्दियों में अक्सर हो जाता है, तो इनके लिए गर्म कपड़ों की व्यवस्था करनी पड़ती है। अंजली तो मैक्स के लिए गर्म कपड़े तक खरीद कर दे गई है। सर्दी बढ़ती जा रही है। मुझे तापमान का ध्यान रखना है। कहीं ऐसा न हो कि तापमान गिर जाए और मैं मैक्स को बिना स्वेटर ही बाहर घुमाता रहूं। अंजली दिन में कभी भी वीडियो कॉल करके मैक्स को देखने की पेशकश कर सकती है।… मुझे सब कुछ करना पड़ता है। मैं बिना बजह कोई बवाल नहीं खड़ा करना चाहता।"

"समस्या तो है" मैनें पीके की स्थिति को समझते हुए अपना मत पेश किया।

"इतना होता तो भी था" पीके ने एक दीर्घ निःश्वास छोड़ते हुए कहा "अब तो मुझे बाबू जी की भी चिन्ता होने लगी है। वे किसी भी दिन भी यहां आ सकते हैं। जब से उन्हें मालूम हुआ है कि अंजली जूही के पास अमरीका गई है तब से वे मेरे यहां आने का प्रोग्राम बना रहे हैं। कह रहे थे 'तुम यहां अकेले हो। खाना बनाने की मुश्किल हो रही होगी। इसलिए मैं जल्दी ही तुम्हारी मां को साथ ले कर तुम्हारे पास आ रहा हूं।' यदि वे यहां आ गए और उन्होंने घर में मैक्स को देख लिया तो फिर क्या होगा?… कुछ समझ में नहीं आ रहा। मेरे दिमाग ने तो काम करना ही बन्द कर दिया है।"

"मैं तुम्हारी स्थिति समझ रहा हूं" मैंने पीके से कहा "लेकिन एक ही महीने की तो बात है। उसमें से भी काफी दिन तो निकल ही गए होंगे। कुछ दिन किसी बहाने से बाबू जी को यहां आने से रोके रखो।... सब ठीक हो जाएगा।"

तभी पीके का मोबाइल बजने लगा। अंजली की वीडियो कॉल थी।

"कैसे हो?" अंजली ने पूछा।

"ठीक हूं।"

"मैक्स कैसा है?"

"भला-चंगा है" पीके ने तुनक कर उत्तर दिया।

"दिखाओ"

"देखो" पीके ने मोबाइल का कैमरा मैक्स की ओर मोड़ दिया।

"हाय मैक्स... कैसे हो? पीके को तंग तो नहीं करते?"

मैक्स ने अंजली की आबाज़ पहचान ली। वह कैमरे की तरफ मुंह कर के कूं-कूं करने लगा। फिर अंजली पीके से बोली "सुनो, तुम से एक बात करनी थी।"

"करो"

"देव और मंजू यहां शिव के पास कुछ महीने और रुकेंगे। जूही भी कह रही है कि मैं भी उसके पास कुछ दिन और रुक जाऊं।"

"क्या?" पीके को जैसे हजार बोल्ट का करंट लगा हो।

"हां... देखो, मैं बेटी का दिल नहीं तोड़ना चाहती।"

"तो?"

"मैं भी देव के साथ ही वापिस आऊंगी।"

"लेकिन तुम्हारा वीज़ा तो एक महीने का था न?"

"नहीं चार महीने का है। सॉरी... मैनें तुमसे झूठ बोला था, नहीं तो तुम मुझे अमरीका नहीं आने देते।"

"और मैक्स?"

"तुम्हारे साथ खुश है। मैं उसकी तरफ से निश्चिन्त हूं।... ओके, ऑल द बेस्ट... कल मिलेंगे।" मोबाइल बन्द हो गया।

पीके चुपचाप सड़क के किनारे बनी पुलिया पर बैठ गया। मैनें पीके और अंजली की बात सुन ली थी। मैं खामोश खड़ा पीके के चिन्तित चेहरे की ओर देखने लगा। तभी पीके का मोबाइल फिर बजने लगा। इस बार बाबू जी लाइन पर थे।

14

वो कौन था?

चौदह वर्ष की आयु एक इन्सान, भूत और फरिश्ते में अन्तर समझने में असमर्थ हो सकती है परन्तु पैंसठ वर्ष की आयु तक पहुंचते-पहुंचते यह समझ तो परिक्व हो ही जानी चाहिए। मगर मेरे साथ ऐसा नहीं हुआ। वो एक इन्सान था, भूत था, देवदूत था या फरिश्ता था, यह मैं आज तक नहीं समझ पाया। पिछले इक्यावन वर्षों में मैंने वह दृष्य न जाने कितनी वार जीया है, मगर वह घटना आज तक मेरे लिए एक पहेली बनी हुई है।

बात उन्नीस सौ उनहत्तर की है। तब मैं चौदह वर्ष का था। पास के शहर के एक सिनेमा-घर में शर्मीली पिक्चर चल रही थी। मैं पिक्चर देखने चला गया। उस दिन सिनेमा-घर में भीड़ अपेक्षाकृत कम थी। वरना यहां सिनेमा की टिकट लेना हरक्यूलियन टास्क से कम नहीं था। टिकट खिड़की के बाहर छोटी सी कतार थी। मेरे आगे तीन लोग खड़े थे। पीछे कोई नहीं था। कुछ ही मिनटों में टिकट लेने की मेरी बारी आ गई। मैंने अपने सफेद रंग के पर्स में से पांच रुपए का नोट निकाल कर खिड़की के अन्दर बैठे आदमी को दिया और पर्स पैंट की पिछली जेब में डाल लिया। उस आदमी ने मुझे डेढ़ रुपए की सिनेमा की एक टिकट और साढ़े तीन रुपए वकाया वापिस लौटा दिए। मैंने टिकट और बकाया राशी पर्स में

रखने के लिए जैसे ही पैंट की पिछली जेब में हाथ डाला मैं चौंक गया। जेब में पर्स नहीं था। मैंनें तुरन्त पलट कर देखा। मेरा पर्स टिकट खिड़की के ठीक नीचे फर्श पर पड़ा हुआ था... शायद जेब में डालते समय नीचे गिर गया होगा। मेरी जान में जान आई। मैंनें तुरन्त फर्श पर से पर्स उठाया, उसमें टिकट और पैसे रखे, पर्स को ठीक से पैंट की जेब में डाला और सिनेमा घर के अन्दर चला गया। दोपहर का शो अभी चल रहा था। मैटिनी शो शुरू होने में कुछ समय शेष था।

मैं पिक्चर के पोस्टर देखने लगा। तभी किसी ने मेरे बाएं कंधे पर हाथ रखते हुए पूछा "ऐ लड़के, तुमने अभी-अभी फर्श पर से एक सफेद रंग का पर्स उठाया है?"

मैंनें पीछे मुड़ कर देखा एक लम्बा सा लड़का मुझे घूरते हुए कह रहा था। उसके साथ चार पांच लड़के और भी थे।

"हां... मेरा पर्स नीचे गिर गया था, मैंनें उठा लिया।"

"वह पर्स मेरा है" लम्बू बोला।

"तुम्हारा कैसे है? पर्स मेरा है।"

"देखो, वह पर्स मेरा है। तुम चुपचाप मुझे दे दो, वरना...।"

"वरना क्या? मैं अपना पर्स तुम्हें क्यों दे दूं?" मैंनें हिम्मत दिखाते हुए कहा। बैसे उन लड़कों को देख कर मैं अन्दर से हिल गया था।

"यह ऐसे नहीं मानेगा" लम्बू के साथ खड़े लड़कों में से एक ने कहा "इसे बाहर ले चलो।"

"चल बाहर निकल" लम्बू बोला।

"हां हां बाहर चलो। मैं डरता थोड़े ही हूं। पर्स मेरा है। तुम्हें क्यों दूं?"

वे चार-पांच लड़के मुझे घेर कर बाहर की ओर धकेलने लगे। इतने में कहीं से एक ठिगना सा लड़का मेरे पास आया और धीरे से मेरे कान में बोला "यह सब बदमाश लड़के हैं। इनसे उलझना मत। पर्स दे दो उसे और अपनी जान छुड़ाओ। वैसे पर्स में ज्यादा पैसे तो नहीं हैं न?"

"पैसे ज्यादा तो नहीं... अठारह रुपए पचास पैसे और सिनेमा की एक टिकट है।... मगर यह पैसे मेरे हैं। यह पर्स मेरा है। मैं इन्हें क्यों दूं?"

"देखो, मैं तो तुम्हारे भले के लिए कह रहा हूं। यह लड़के ठीक नहीं। चन्द रुपयों के लिए खून-खराबा हो जाए...।"

इतने में हम सिनेमा घर के प्रांगण में आ गए। वह ठिगना लड़का गायब हो गया। बाहर निकलते ही वे लड़के ऊंची आबाज़ में चीखने लगे "जेबकतरा... पकड़ो... मारो...।"

देखते ही देखते मेरे चारों ओर अच्छी खासी भीड़ इकट्ठा हो गई। कोई मेरी बात सुनने को तैयार ही नहीं था। भीड़ उग्र होने लगी। एक-दो ने तो मुझे धक्का तक दे दिया।अब तो मैं बहुत बुरी तरह घबरा गया था।

तभी भीड़ में से किसी ने कहा "यह ऐसे नहीं मानेगा। इसे थाने ले चलो। डंडा-परेड हुई तो होश ठिकाने आ जाएंगे।"

"हां हां... इसे थाने ले चलो" भीड़ में से कई स्वर उभरे। तभी हाथ में डंडा लिए पुलिस का एक सिपाही वहां पर प्रकट हुआ।

"क्या शोर मचा रखा है?" वह आते ही कड़क आवाज़ में बोला।

"सर, यह लड़का जेबकतरा है" लम्बू ने तुरन्त मेरी ओर इशारा करते हुए कहा "इसने मेरी जेब से पर्स निकाला है।"

सिपाही मेरी तरफ देखने लगा। मैंनें अपनी सफाई दी "मैं जेबकतरा नहीं और न ही मैंनें इसका पर्स निकाला है। यह झूठ बोल रहा है। टिकट लेते हुए मेरा पर्स नीचे गिर गया था और उसी को मैंनें उठाया था। यह जबरदस्ती उसे अपना पर्स बता रहा है।"

"कहां है वह पर्स?"

"मेरे पास है" मैंनें कहा और जेब से पर्स निकाल कर हाथ में पकड़ लिया। सिपाही ने वह पर्स तुरन्त मेरे हाथ से छीन कर अपने हाथ में ले लिया। उसे घुमा फिरा कर देखा और फिर लम्बू से बोला "यदि यह पर्स तुम्हारा है तो तुम जानते होंगे कि इसमें क्या है।"

"जी हां। जानता हूं। इसमें अठारह रुपए पचास पैसे और डेढ़ रुपए वाली सिनेमा की एक टिकट है।"

"नहीं सर, यह झूठ है…मेरा मतलब…यह सच है कि इसमें अठारह रुपए पचास पैसे और डेढ़ रुपए वाली सिनेमा की एक टिकट है, मगर यह सब किसी ने इसे बताआ है। यह झूठा है।" मैं तुरन्त बोल पड़ा।

"इसे कौन बताने लगा?" सिपाही मुझसे बोला।

"अभी-अभी एक आदमी मुझसे यही पूछ रहा था। मैंनें उसे बताया था। उसी ने ही यह जानकारी इसे दी है।… लेकिन यह पर्स मेरा है और पैसे व टिकट भी मेरे ही हैं।… मैंनें किसी की जेब नहीं काटी।"

"नहीं सर झूठ यह बोल रहा है" वह लम्बू बोला। तभी चार-पांच लड़के इकट्ठे बोल पड़े "हां हां सर, यह झूठ बोल रहा है। यह जेबकतरा है। दो-चार डंडे मारो, पट-पट बोलने लगेगा।"

"तो तुम लोग ऐसे नहीं मानोगे" सिपाही बोला "दोनों थाने चलो। वहीं चल कर सच और झूठ का फैसला करते हैं।"

थाने के नाम से मेरा पसीना छूट गया। सोचा, अपना पर्स लम्बू के मुंह पर मार कर अपनी जान बचाऊं। तभी एक चमत्कार हुआ। पच्चीस-तीस वर्ष का एक सरदार न जाने कहां से प्रकट हुआ। पीछे से मेरे दाएं कंधे पर हाथ रखते हुए वह धीमे से मेरे कान में फुसफुसाया "घबराना मत। मैं तुम्हारे साथ हूं।" फिर आगे बढ़ कर वह सिपाही के पास गया और उसके कान में कुछ बोला। उसकी बात सुनते ही सिपाही मेरी ओर देखने लगा और बोला "यह पर्स सच में तुम्हारा है?"

"जी हां सर।"

"तो लो, सम्भालो इसे" और फिर उन लड़कों की ओर देखते हुए बोला "भागो यहां से। एक शरीफ लड़के को तंग कर रहे हो। खबरदार यहां दिखाई दिए तो।"

यह कह कर सिपाही ने मेरा पर्स मुझे वापिस दे दिया। वे लड़के गायब हो गए। सिपाही भी डंडा घुमाते हुए वहां से चला गया। सरदार मुझसे बोला "चलो अब पिक्चर देखते हैं। शुरू हो गई है। सुना है बढ़िया पिक्चर है।"

लेकिन इस घटना से घबराया हुआ मैं अब पिक्चर देखने के मूड में बिल्कुल नहीं था। मैं तुरन्त घर चले जाना चाहता था। किन्तु सरदार ने मेरी एक नहीं सुनी। मेरे लाख मना करने पर भी वह मुझे सिनेमा हॉल में ले गया। पर्दे पर पिक्चर चल रही थी लेकिन मेरे दिमाग में रह-रह कर वही दृश्य उभर रहा था। मन में उठते हुए तरह-तरह के विचार मुझे विचलित कर रहे थे।

'यह सरदार कौन है? यह अचानक कहां से आ गया? यह मेरी सहायता क्यों करना चाहता है? मैं तो इसे जानता तक नहीं। इसने सिपाही के कान में ऐसा क्या कह दिया कि वह तुरन्त मेरा पर्स मुझे लौटा कर वहां से चला गया? कहीं यह भी उस ठिगने की तरह मुझे धोखा तो नहीं दे रहा? कहीं यह भी उन लड़कों का कोई साथी तो नहीं? कहीं यह सब उन बदमाश लड़कों की कोई चाल तो नहीं? कहीं वह सिपाही भी तो इस गैंग का हिस्सा नहीं? हो सकता है वे लड़के कहीं आसपास ही हों और मध्यान्तर होने की प्रतीक्षा कर रहे हों ताकि वे मुझे फिर से घेर सकें?... मुझे मध्यान्तर होने से पहले ही यहां से निकल जाना चाहिए।... हां, यही ठीक रहेगा।'

मैंने तिरछी निगाह से पास बैठे सरदार की ओर देखा। वह कुर्सी से पीठ टिकाए पिक्चर देखने में मस्त था। 'यह सही अवसर है। मैं चुपचाप यहां से निकल जाता हूं।' यह सोच कर मैं जैसे ही उठने लगा, सरदार ने मेरी बांह पकड़ ली और बोला "थोड़ी देर रुको। मध्यान्तर होने ही बाला है।"

मैं उठ नहीं पाया। वल्कि यह सोच कर और घबरा गया कि इसने मुझ पर पूरी तरह से नजर रखी हुई है। यह अवश्य उसी गैंग का सदस्य है और मध्यान्तर होने की प्रतीक्षा कर रहा है। ये लोग मध्यान्तर में अवश्य ही मुझे पुनः घेर लेंगे। मैं बुरी तरह फंस गया था।... मैं मध्यान्तर में हॉल से बाहर जाऊंगा ही नहीं।

कुछ ही देर में मध्यान्तर हो गया। सरदार मुझसे बोला "चलो, अब चलते हैं बाहर। चाय पीते हैं। तुम वाशरूम भी हो आना।"

"नहीं, बाहर जाने का मन नहीं। आप हो आइए। मैं यहीं बैठा हूं।"

"लेकिन अभी-अभी तो तुम उठ रहे थे?"

"वह तो मैं... बस यूं ही..." मुझसे कुछ कहते नहीं बना।

"तुम अभी तक परेशान हो?... अरे चिन्ता मत करो। मैं तुम्हारे साथ हूं न।" यह कह कर वह मुझे जबरदस्ती बाहर ले गया।

हमने चाय पी। मेरा ध्यान चाय पर कम, उन लड़कों पर अधिक था। भीड़ में मेरी नजरें उन लड़कों को तलाशती रहीं लेकिन उन में से एक भी मेरी नजर में नहीं आया। चाय पी कर मैं शौचालय गया। सरदार बाहर खड़ा मेरी प्रतीक्षा करता रहा। फिर हम हॉल के अन्दर आ गए। मेरी घबराहट कुछ कम हुई थी। पिक्चर पुनः चालू हो गई। मैं कुछ सहज हो कर पिक्चर देखने लगा।

लेकिन अचानक मेरे मन में फिर एक विचार आया 'कहीं उनका इरादा मुझे पिक्चर समाप्त होने के बाद अकेले में घेरने का तो नहीं?' मन पुनः विचलित होने लगा। मैं कुर्सी पर बैठा-बैठा कसमसाया। तभी सरदार की आवाज आई "कहा न चिन्ता मत करो। तुम्हें कुछ नहीं होगा। मैं तुम्हारे साथ हूं। तुम्हें बस में बिठा कर ही जाऊंगा। इस समय तुम आराम से पिक्चर देखो।"

अजीब परिस्थिति थी। न तो मैं पिक्चर देखने की स्थिति में था और न ही मैं बाहर जा सकता था। लिहाज़ा मैं कुर्सी से चिपका रहा। न चाह कर भी मुझे सरदार पर विश्वास नहीं हो पा रहा था हालांकि उसने अभी तक मेरी सहायता ही की थी। '...यह कहीं दूसरा ठिगना न निकले। मुंह में राम राम, बगल में छुरी।... तो फिर मैं क्या करूं?'

तभी मन में विचार आया कि क्यों न मैं पिक्चर की समाप्ति पर राष्ट्रीय गान शुरू होने से पहले ही चुपचाप हॉल से बाहर निकल जाऊं और रिक्शा ले कर बस अड्डे चला जाऊं। भीड़ में यह लोग मुझे ढूंढ नहीं पाएंगे... हां, यह ठीक रहेगा। मैंनें अपने-आप को आश्वस्त किया और पिक्चर देखने की पुनः कोशिश करने लगा।

पिक्चर का अन्तिम दृष्य चल रहा था। हॉल से बाहर जाने का यही उचित समय था। मैंनें आश्वसत होना चाहा कि कहीं वह सरदार मुझे देख तो नहीं रहा। जैसे ही मैंनें धीरे से बगल की कुर्सी पर निगाह दौड़ाई मैं चौंक पड़ा। कुर्सी खाली थी। सरदार गायव था। मैंनें तुरन्त इधर-उधर देखा मगर सरदार कहीं नहीं था। मैं कांप उठा। वह अवश्य ही पिक्चर बीच में छोड़ कर लड़कों को बुलाने के लिए निकल गया है? अब क्या होगा?... मैंनें भगवान को याद किया। अचानक मन में एक नई स्फुर्ति का संचार हुआ।... जो होगा देखा जाएगा।... सांच को आंच नहीं।... मैं तुरन्त उठा और सिनेमा हॉल के बाहर निकल आया। रिक्शा ले कर बस अड्डे पहुंचा। मगर रास्ते में कोई अनहोनी घटना नहीं घटी।

मैंनें उस सरदार को पुनः कभी नहीं देखा। किन्तु आज इक्यावन वर्षों के वाद भी उसका चेहरा मेरे दिमाग में ज्यों का त्यों छपा हुआ है। मन में एक अनसुलझा प्रश्न अभी तक मौजूद है कि वो कौन था... एक भूत, एक इन्सान, एक देवदूत या एक फरिश्ता।

15

जिस तन लागे

अशोक गहरी नींद सोया हुआ था। बगल में लेटी उसकी पत्नी दीपा भी गहरी नींद में थी। अचानक अशोक के सिरहाने के पास रखा टेलीफोन बजने लगा। फोन की आवाज़ से अशोक की आंख खुल गई। हड़बड़ाहट में उसने तकिए से सिर उठा कर सामने दीवार पर टंगी घड़ी में समय देखा। सुबह के पांच बज रहे थे। झुंझलाहट में अशोक ने हाथ बढ़ा कर रिसीवर उठाया।

"हैलो"

"जानू" दूसरी तरफ से किसी लड़की की आवाज़ आई।

"कौन?"

"तुम्हारी दीवानी" लड़की ने बहुत रोमांटिक अन्दाज़ में उत्तर दिया।

"किस से बात करनी है तुम्हें?" अशोक हड़बड़ा कर उठ बैठा।

"तुमसे जानू... आई लव यू" और फोन कट गया। अशोक आश्चर्य से रिसीवर को देखता रह गया।

"किसका फोन था?" पास लेटी पत्नी दीपा ने पूछा। टेलीफोन की आवाज़ से दीपा की आंख भी खुल गई थी।

"रॉंग नम्बर था।... तुम सो जाओ।"

दीपा करवट ले कर पुनः सो गई। अशोक ने भी 'रॉंग नम्बर' समझ कर लड़की के फोन पर अधिक ध्यान नहीं दिया। पल भर में वह भी गहरी नींद सो गया।

उसी रात ठीक ग्यारह बजे, जब अशोक और दीपा गहरी नींद में थे, टेलीफोन की घंटी फिर बजी। अशोक की नींद खुल गई। उसने रिसीवर उठाया।

"हैलो?"

"सो गए जानू?" दूसरी तरफ से सुबह वाली लड़की की आवाज़ सुनाई दी। अन्दाज़ भी सुबह की तरह रोमांटिक था। "मुझे नींद नहीं आ रही।"

"कौन हो तुम?"

"तुम्हारी दीवानी... स्वीट ड्रीमज़" और फोन कट गया।

"किसका फोन था अशोक?" दीपा भी जाग गई थी "किसी लड़की की आवाज़ थी न? कौन थी?"

"पता नहीं... शायद फिर से रॉंग नम्बर लग गया था।"

"सुबह की तरह?"

"हां"

"मुझे तो कोई जानने वाली ही लगती है जिसे हमारा लैंडलाइन नम्बर पता है। वरना आजकल तो सभी मोबाइल पर ही बात करते हैं।"

"शायद... सुबह बात करेंगे। अब तुम आराम से सो जाओ।"

दीपा करवट ले कर सो गई। वह भी बात को बढ़ाना नहीं चाहती थी। वह जानती थी कि इससे अशोक का मूड बिगड़ जाएगा। रात को ठीक से नींद नहीं आएगी और अगले दिन सिर दर्द परेशान करती रहेगी।

"हूं... तुम भी सो जाओ। नींद पूरी नहीं हुई तो कल सारा दिन कोर्ट में परेशान होते रहोगे वकील बाबू।"

"हां" अशोक ने भी रिसीवर टेलीफोन पर रखा और सोने का उपक्रम करने लगा। मगर नींद उसकी आंखों से गायब हो चुकी थी। रह-रह कर कई प्रश्न उसके दिमाग में उठने लगे थे... कौन है यह लड़की?... क्या चाहती है उससे?... मज़ाक?... ब्लैक-मेलिंग?... प्रोफेशनल प्रतिस्पर्धा?... और इनसे जुड़े तमाम नकारात्मक विचार उसे बहुत देर तक परेशान करते रहे। सारी रात करवट बदलते ही निकल गई।

अगली सुबह ठीक पांच बजे और रात को ठीक ग्यारह बजे फिर टेलीफोन की घंटी बजी थी। फिर रोमांटिक अन्दाज़ में उस लड़की की आवाज़ सुनाई दी थी। फिर वही दो-टूक बात हुई थी। अशोक बुरी तरह तिलमिला उठा था। अब तो दीपा भी, जिसने इसे एक मज़ाक समझ कर टाल दिया था, गम्भीर हो गई थी। उसने अशोक से पूछा "तुम सच में इस लड़की को नहीं जानते?"

"बिल्कुल नहीं।"

"सच कह रहे हो?"

"मुझ पर भरोसा नहीं?"

"भरोसा है तभी तो तीन दिन से खामोश हूं। वरना..."

"धमकी दे रही हो?"

"धमकी नहीं, स्वत्व रक्षा…" कहते हुए दीपा ने एक पल के लिए अशोक की आंखों में आंखें डाल कर कुछ इस तरह से निहारा कि अशोक अन्दर तक हिल गया। ढेरों प्रश्न उसके दिमाग में कुलबुला उठे।… 'क्या दीपा को उस पर शक हो गया है?… ऐसा हो तो नहीं सकता… दीपा तो उसकी आदत से भली-भांति परिचित है… हमेशा अपने काम में व्यस्त रहने वाला इन्ट्रोवर्ट अर्थात् अन्तर्मुखी इन्सान… जब वह इस लड़की से कभी मिला ही नहीं, उसे जानता तक नहीं तो… मगर शक तो शक है… कभी भी, किसी को भी, किसी पर भी हो सकता है… ओह गॉड! यदि दीपा को उस पर, बिना बजह ही सही, शक हो गया तो उनके सुखी परिवार में तो आग लग जाएगी… भूचाल आ जाएगा।'

तभी दीपा मुस्कुरा दी "मज़ाक कर रही थी",… फिर सहज स्वभाव में बोली "फिर भी सोचने की बात है कि यह लड़की… एक अनजान लड़की… जिसे तुम, जैसा कि तुम कह रहे हो, जानते तक नहीं, तुम्हें बार-बार फोन करके परेशान क्यों कर रही है?… क्या चाहती है वह तुमसे?"

"पता नहीं दीपा। मैं भी यही सोच रहा हूं।… शायद पैसा।"

"तुम अपना टेलीफोन 'सर्वेलेंस' पर क्यों नहीं डलवा देते।"

"बेकार में बात फैलेगी… लोग बातें बनाएंगे… मेरे प्रतिस्पर्धियों को तो मसाला चाहिए… यही सोच कर मैं ऐसा कुछ कर नहीं रहा।" फिर एक पल रुक कर वह बोला "कल सुबह देखते हैं। यदि फिर फोन आया तो… 'सर्वेलेंस' का विकल्प तो खुला ही है।"

दोनों सोने की कोशिश करने लगे।

अगली सुबह ठीक पांच बजे फिर फोन की घंटी बजी। अशोक तो जैसे उसकी प्रतीक्षा ही कर रहा था। उसने तुरन्त रिसीवर उठाया और गुस्से में लगभग चीखते हुए बोला "तो तुम बाज़ नहीं आओगी?"

"गुस्सा क्यों करते हो जानू" उसी चिर-परिचित रोमांटिक अन्दाज़ में लड़की की आवाज़ आई।

"बहुत बदतमीज़ हो तुम।... चाहती क्या हो?"

"तुमसे मिलना"

"असम्भव"

"आज शाम ठीक छः बजे"

"भूल जाओ"

"हनीमून कैफे में"

"तुम नहीं जानती मैं कौन हूं"

"जानती हूं... इसीलिए तो तुम्हें फोन कर रही हूं वकील बाबू।"

"देखो... बहुत हुआ। मैं तुम्हें अन्तिम चेतावनी दे रहा हूं। फोन करना बन्द कर दो वरना..."

"वरना क्या?... इश्क?" और लड़की खिलखिला कर हंस पड़ी।

अशोक गुस्से में कांप उठा "ओह यू... शटअप" और रिसीवर फोन पर पटक दिया। फिर दीपा से बोला "दीपा, अब पानी सिर तक पहुंच गया है। इस लड़की का कुछ करना ही होगा।"

"अवश्य... परन्तु गुस्सा मत करो। शान्त हो जाओ। पानी पीओ। ठण्डे दिमाग से सोचते हैं कि इसका क्या करना है।... ओके?" और दीपा ने सिरहाने रखी पानी की बोतल अशोक की ओर बढ़ा दी।

आज शनीवार था। कोर्ट में काम की मारा-मारी नहीं थी। दो केसों में पेशी थी मगर अशोक उन्हें भी ठीक ढंग से नहीं देख पाया था। काम में उसका मन ही नहीं लग रहा था। रह-रह कर उसके दिमाग में फोन वाली लड़की घूम जाती थी। वह निर्णय नहीं ले पा रहा था कि वह अपने फोन को 'सर्वेलेंस' पर डलवाए या एक दिन और देख ले। हो सकता है आज की लताड़ का लड़की पर असर हो गया हो और वह फोन करना बन्द कर दे। यदि नहीं तो वह सोमवार को अवश्य अपने फोन को 'सर्वेलेंस' पर डलवा देगा।... दिन भर वह इसी उधेड़-बुन में लगा रहा। दोपहर वाद लगभग तीन बजे उसने अपनी सेक्रेटरी माला से कहा कि वह घर जा रहा है। माला पांच बजे चैंबर बन्द कर के घर चली जाए और इस दौरान यदि कोई विशेष बात हो तो वह उसे मोबाइल पर सूचित कर दे।

अशोक कोर्ट परिसर के गेट पर पहुंचा ही था कि एक चिर-परिचित आवाज़ उसके कानों में पड़ी "अरे वकील बाबू, मैं तो तुमसे मिलने आ रहा था।"

अशोक ठिठक कर रुक गया। उसके सामने गले में सफेद मफलर लपेटे रमेश 'लहरी' खड़ा था। रमेश... उसके बचपन का साथी... एक अंतरंग मित्र... उसकी ज़िन्दगी के हर पहलू का राज़दार। उसका असल नाम तो रमेश चन्द्र था मगर रंगमंच से जुड़ते ही वह रमेश चन्द्र से रमेश 'लहरी' हो गया था। अशोक जितना मितभाषी था रमेश उतना ही बातूनी था। इसलिए अशोक उसे कहता था कि उसे रमेश 'लहरी' नहीं रमेश 'बातूनी' होना चाहिए था।

"बहुत दिनों से मुलाकात नहीं हुई" रमेश बोला 'सोचा, आज रिहर्सल को जाते हुए तुमसे मिलता चलूं।... कैसे हो?"

"ठीक हूं" अशोक ने उत्तर दिया।

"आज जल्दी ही कोर्ट से निकल लिए?"

"हां, ज़्यादा काम था नहीं, सोचा घर चल कर ही आराम करूं।"

"सही है।... तुम्हारी कार तो पार्किंग में होगी?"

"हां... क्यों?"

"तुम अपना यह काला कोट जो तुमने बाजु पर टांग रखा है और टिफिन जो हाथ में पकड़ रखा है, कार में रख आओ। मैं तुम्हारा यहीं पर इन्तज़ार करता हूं। फिर सामने 'घुलमिल' रेस्तोरां में आराम से बैठ कर चाय-कॉफी पीएंगे और बतिआएंगे... ओके?"

अशोक कार में सामान रख कर जल्दी ही वापिस आ गया। फिर वे दोनों सड़क पार कर घुलमिल रेस्तोरां में जा कर बैठ गए।

"शलाम शाब" एक छोटे कद के नेपाली वेटर ने रमेश को सलाम बजाई।

"कैसे हो चिलगोज़े? रमेश ने पूछा। वेटर का नाम तो जंग बहादुर था मगर रमेश उसे चिलगोज़े के नाम से ही बुलाता था।

"ठीक हूं शाब।... आप कैसे हैं? बहुत दिनों बाद आए।"

"हां... मैं यहां नहीं था।"

"क्या लाऊं शाब?"

"मेरे लिए कॉफी और साहिब के लिए ग्रीन टी।"

"नहीं" अशोक बोला "आज मैं भी कॉफी ही पीऊंगा।"

"अरे वाह!" रमेश ने आश्चर्य व्यक्त करते हुए कहा "तुम्हारी तवीयत तो ठीक है न?

"ऐसा कुछ नहीं रमेश भाई" अशोक ने सहज होते हुए कहा "मुझे ग्रीन टी पसन्द है, ठीक है, मगर ऐसा भी नहीं कि मुझे कॉफी अच्छी नहीं लगती। कभी-कभी ज़ायका बदल लेना चाहिए।"

"सही कहा... तो चिलगोज़े दो कप गर्म-गर्म कॉफी ले आओ। आज साहिब अपना ज़ायका बदलने के मूड में हैं।"

वेटर चला गया।

रमेश बोला "आजकल हम एक नए नाटक की तैयारी में व्यस्त हैं... 'जिस तन लागे'... डॉ प्रदीप शर्मा द्वारा लिखा हुआ यह नाटक आजकल के खोखले रिश्तों पर एक खूबसूरत तीक्ष्ण व्यंग्य है। परन्तु मैं तुम्हें इसकी कहानी नहीं सुनाऊंगा नहीं तो तुम्हें नाटक देखने का मज़ा नहीं आएगा। क्यों?"

"कोई बात नहीं... मैं नाटक देख कर ही कहानी का मज़ा लूंगा।" अशोक बात तो रमेश से कर रहा था किन्तु दिमाग में वही फोन वाली लड़की घूम रही थी। वह सोच रहा था 'क्या वह रमेश को फोन वाली बात बता दे या एक-दो दिन देख ले? हो सकता है अब वह लड़की फोन न करे। बेकार में बात फैलाने का भी कोई औचित्य नहीं। हां, यदि लड़की फिर से फोन करती है तो वह अवश्य रमेश से बात करेगा। वह हमेशा सही सलाह देता है।'

"कहां खो गए वकील बाबू?" रमेश की आवाज़ ने उसकी विचार श्रृंखला भंग कर दी "मैं देख रहा हूं, आज तुम सहज नहीं लग रहे। तुम्हारा मूड पटरी पर नहीं। गुमसुम हो। क्या बात है? आफिस में किसी से झगड़ा हो गया क्या? या घर में भाभी जी से खटपट? कोई भी परेशानी है तो मुझसे कहो। रमेश 'लहरी' हर मर्ज़ की दवा है।"

"नहीं नहीं, ऐसा कुछ नहीं रमेश भाई। बस एक काम याद आ गया था।"

तभी वेटर कॉफी ले कर आ गया।

"पिछले सप्ताह मैं अपने गांव चला गया था" रमेश कॉफी का कप अशोक की ओर सरकाते हुए कहने लगा "बहुत दिनों से गांव नहीं गया था। तुम तो जानते हो गांव में पुश्तैनी मकान है, थोड़ी सी ज़मीन है। देखनी पड़ती है, नहीं तो कोई भी कब्जा ले। बुजुर्गों से मुलाकात हो जाती है। उनका आशीर्वाद मिल जाता है।... मैं तीन रात गांव में ही रुका। चौथे दिन वापिस आया। यहां आते ही नाटक की तैयारी में जुट गए। तुमसे मुलाकात नहीं हो पाई।... तुम अपनी सुनाओ।"

"कुछ खास नहीं ...हमेशा की तरह..."

"अरे हां, एक बात याद आ गई। तुम्हारे मतलब की है... तुम वकील हो न, इसलिए।... गांव में मेरा एक स्कूल का सहपाठी मित्र है। जीवन नाम है उसका। जीवन के जीजा जी परमिन्दर सहगल भोपाल में किसी डिफेंस आफिस में एक अच्छे पद पर तैनात हैं। कुछ दिन पहले सुबह-सुबह उन्हें किसी लड़की का फोन आया। वह बहुत ही रोमांटिक अन्दाज़ में उनसे प्यार-मुहब्बत की ऊल-जलूल बातें करने लगी।"

"क्या …?" अशोक के कान खड़े हो गए।

"हां।"

"फिर?" अशोक ने अपनी उत्सुकता दबाते हुए पूछा।

"उन्होंने फोन काट दिया।"

"फोन फिर आया होगा।"

"हां …मगर तुम्हें कैसे मालूम?"

"किस्सा तो तभी दिलचस्प होगा न।"

"हां… देर रात फिर उसी लड़की का फोन आया। फिर वही रोमांटिक अन्दाज़… वही प्यार-मुहब्बत की ऊल-जलूल बातें। उन्होंने फिर फोन काट दिया। जब अगली सुबह फिर उस लड़की का फोन आया तो सहगल साहिब आग-बबूला हो उठे और गुस्से में उस पर बरस पड़े। उसे डराया, धमकाया। मगर बावजूद इसके उस रात फिर फोन बजा था।… यह सिलसिला तीन-चार दिन तक चलता रहा। उन्होंने फोन को सर्वेलेंस पर डाल दिया। ऐसा करते ही उस लड़की के फोन आने बन्द हो गए।"

"यानि कि फोन को सर्वेलेंस पर डालने का फायदा हो गया।" अशोक को अपनी मुसीबत टालने के लिए एक राह दिखती नज़र आई।

"अभी बात समाप्त नहीं हुई।… दस एक दिन वाद सुबह-सुबह फिर उस लड़की का फोन आया। इस वार वह प्यार-मुहब्बत की जगह ब्लैक-मेलिंग के मूड में थी।"

यह सुन कर अशोक घबरा गया।

"फिर?" अपनी घबराहट छुपाते हुए उसने पूछा।

"सहगल ने तुरन्त सिक्योरिटी आफिस में बात की। तहकीकात आरम्भ हो गई जो अभी तक चल रही है।"

"क्या अब भी उस लड़की का फोन आ रहा है?"

"नहीं, जब से जांच आरम्भ हुई है उस लड़की के फोन आने बन्द हो गए हैं।"

"जांच में कुछ मिला?… मेरा मतलब वह लड़की कौन है, कहां से है, क्या चाहती है…"

"मालूम नहीं"

"चलो तुम्हारे मित्र के जीजा जी की जान तो छूटी।"

"जान कहां छूटी, उनके घर में तो भूचाल आ गया।"

"ऐसा क्या हुआ?" अशोक के दिल की धड़कन अचानक फिर तेज हो गई।

"सहगल की पत्नी यानि कि जीवन की दीदी शारदा बहुत शक्की स्वभाव की औरत है। शारदा को शक हो गया कि उसके पति के उस लड़की के साथ अवैध सम्बन्ध हैं। पति के लाख समझाने पर भी वह मानने को तैयार नहीं कि उसका पति उस लड़की को नहीं जानता।… बात अब तलाक तक आ पहुंची है।"

"ओह नो" अशोक की आंखों के सामने अचानक दीपा का चेहरा घूम गया। 'यदि दीपा भी उस पर शक करने लगी तो… नहीं-नहीं दीपा ऐसा कभी नहीं करेगी। वह शक्की स्वभाव की नहीं। उसे मुझ पर पूर्ण विश्वास है।'

"शारदा को अपने पति पर विश्वास करना चाहिए" अशोक बोला।

"करना तो चाहिए मगर जो है सो है… खैर छोड़ो। तुम बताओ तुम्हें कॉफी कैसी लगी? ज़ायका बदला?" रमेश ने विषय बदलते हुए कहा।

"अच्छी थी।"

"अच्छी नहीं, बहुत अच्छी थी। मुझे तो यह बरिस्ता कॉफी से भी अच्छी लगती है।… मज़ा आ गया।… अरे हां, उस 'ज्योति बनाम् प्रकाश' के केस का क्या हुआ? कोई फैसला हुआ?"

"कोर्ट में फैसले इतना जल्दी नहीं होते दोस्त… हमने भी तो पेट पालना है। केस चल रहा है। समय तो लगेगा।"

"यह भी तलाक का ही केस है न?"

"अभी तक तो नहीं परन्तु जल्दी ही नौबत तलाक तक पहुंच जाएगी।" अशोक सहज होने की कोशिश कर रहा था। "मैनें तुम्हें बताआ था न कि ज्योति ने अपने पति प्रकाश के विरुद्ध घरेलू अहिंसा का केस दायर किया हुआ है। वह कहती है कि उसका पति उससे बात-बात पर झगड़ा करता है, उसे प्रताड़ित करता है और कभी-कभी तो उस पर हाथ भी उठा देता है। वह एक 'हाउस वाइफ' है। उसका पति उसे खर्च के लिए पैसे भी नहीं देता।"

"एक बात कहूं" रमेश ने अशोक की बात काटते हुए कहा "मैं प्रकाश को थोड़ा-बहुत जानता हूं और जितना भी जानता हूं मुझे नहीं लगता कि वह इस किस्म का इन्सान है। पता नहीं मुझे क्यों लगता है कि उसे झूठे केस में फंसाया जा रहा है।"

"अरे सुनो तो सही" अशोक बोला "ज्योति तो यह भी कहती है कि उसके पति ने उस पर झूठा आरोप लगाया है कि उसके यानि कि ज्योति के किसी अन्य पुरुष के साथ अवैध सम्बन्ध हैं।"

"और तुम समझते हो कि ज्योति सच कह रही है?"

"नहीं, मैं जानता हूं कि ज्योति झूठ कह रही है।"

"मतलब?"

"ज्योति के घनश्याम नाम के शख्स के साथ अवैध सम्बन्ध हैं।"

"तुम इतने विश्वास से कैसे कह सकते हो?"

"क्योंकि मेरे पास उनके कुछ फोटोग्राफ हैं।"

"अरे वाह!... क्या ज्योति जानती है कि तुम उसकी सच्चाई से वाकिफ हो?"

"नहीं... वह यही समझती है कि मैं उसकी बात पर विश्वास कर रहा हूं।"

"तुम उसे सच्चाई बता क्यों नहीं देते। तुम उसके वकील हो। वह तुम्हारी मुवक्किल है।"

"रमेश भाई, हमारे लिए हर केस एक गेम है और इस गेम में सारे पत्ते एक साथ नहीं खोले जाते। यह फोटोग्राफ तुरुप का पत्ता हैं। न जाने इनकी ज़रूरत कब और कहां पड़ जाए।"

"परन्तु यह फोटोग्राफ तो प्रकाश के पक्ष में हैं।"

"हां, और वह कभी भी इनके लिए मुझ से सौदा कर सकता है।"

"तुम्हें यह फोटोग्राफ मिले कहां से?"

"अपने कई गुप्त स्रोत हैं लहरी साहिब। उन्हें सार्वजनिक नहीं किया जा सकता।" फिर वह अपनी कलाई पर बन्धी घड़ी देखते हुए बोला

"अब चलते हैं। काफी समय हो गया। तुम्हें भी तो रिहर्सल के लिए जाना है।"

"ठीक है, चलते हैं, मगर चलते-चलते यह बताओ कि कल रविवार है और तुम कहीं जा तो नहीं रहे?"

"नहीं, कल मैं घर पर ही हूं। कल ग्यारह बजे मेरी मुवक्किल ज्योति भी मुझ से मिलने घर पर आ रही है।"

"गुड... तो मैं भी कल तुम्हारे घर पर आ रहा हूं... भाभी जी से मिलने। काफी समय से मुलाकात नहीं हुई। कल दोपहर का खाना तुम्हारे साथ। कोई आपत्ति मी लॉर्ड?"

"जी नहीं, कोई आपत्ति नहीं। तुम्हारा अपना घर है। जब चाहो, आओ।"

अगले दिन जब रमेश अशोक के घर पहुंचा तो अशोक अपने अध्ययन कक्ष में अपनी मुवक्किल ज्योति के साथ बातचीत में व्यस्त था। रमेश, दीपा भाभी से बतिआने लगा। कुछ देर में ज्योति चली गई और अशोक भी उनके साथ बातचीत में शामिल हो गया। दीपा खाना बनाने के लिए रसोई में चली गई।

रमेश ने अशोक से पूछा "क्या कह रही थी तुम्हारी मुवक्किल?"

"वह प्रकाश से तलाक चाहती है। लेकिन वह यह भी चाहती है कि तलाक के लिए अर्जी प्रकाश दे।"

"ऐसा क्यों?"

"वह यह सिद्ध करना चाहती है कि वह तो अपने पति के साथ रहना चाहती है परन्तु उसका पति उसके साथ नहीं रहना चाहता। अब यदि

प्रकाश की अर्जी पर तलाक मिलता है तो ज्योति अपने खर्चे के लिए प्रकाश से हर महीने अधिक पैसा खींच सकती है। किन्तु यदि ज्योति स्वयं तलाक के लिए अर्जी देती है तो उसे प्रकाश से शायद उतने पैसे नहीं मिलेंगे।"

"बहुत शातिर है ज्योति।"

"मुझे तो लगता है इसके पीछे घनश्याम का दिमाग है।"

"प्रकाश का भी तो कोई वकील होगा। वह उसे ऐसा क्यों करने देगा?"

"प्रकाश को तलाक की अर्जी देने के लिए राज़ी करना कोई बहुत मुश्किल काम नहीं। प्रकाश का वकील नमन मेरा अच्छा मित्र है। वह प्रकाश को तलाक की अर्जी देने पर आसानी से तैयार कर सकता है।"

"वह कैसे?"

"वह प्रकाश से कहेगा कि उसे किसी अनजान शख्स का फोन आया था कि उस शख्स के पास कुछ फोटोग्राफ हैं जो सिद्ध कर सकते हैं कि ज्योति के किसी अन्य पुरुष के साथ अवैध सम्बन्ध हैं। लेकिन इन फोटोग्राफ की वह कीमत चाहता है। प्रकाश को किसी भी कीमत पर वह फोटोग्राफ खरीद लेने चाहिए। उन फोटोग्राफ के आधार पर वे कोर्ट में तलाक की अर्जी लगाएंगे और आसानी से केस जीत जाएंगे। अन्यथा यह केस जल्दी समाप्त होने वाला नहीं। फिजूल में उसका पैसा और समय बर्बाद होते रहेंगे। यह बात सुन कर मुझे विश्वास है कि प्रकाश फोटोग्राफ खरीदने के लिए तैयार हो जाएगा और तलाक की अर्जी भी लगा देगा।"

"यानि कि ब्लैक-मेलिंग"

"जी नहीं... व्यावसायिक दाव-पेंच"

"यानि कि आम के आम और गुठलियों के दाम... तुमने केस भी जीत लिया और प्रकाश से अतिरिक्त धन-लाभ भी पा लिया।"

"तुम यह क्यों नहीं समझते कि प्रकाश और ज्योति को कोर्ट-कचैहरी के चक्करों से मुक्ति भी तो दिलवाएंगे। यही तो हमारा काम है रमेश भाई।"

"यदि बुरा न मानों तो एक बात कहूं?"

"कहो, मैंनें कभी तुम्हारी बात का बुरा माना है।"

"मैं ज्योति को तो नहीं प्रकाश को जानता हूं। वह बहुत भला इन्सान है। ज्योति को बहुत चाहता है। तलाक की चोट को वह सहन नहीं कर पाएगा। ऊपर से पैसे की चपत। वैसे भी आजकल उस पर नौकरी जाने की तलवार लटक रही है। उसकी कंपनी ने, जिसमें वह काम करता है, हाल ही में अपने काफी कर्मचारियों की छटनी की है। उसे अपनी नौकरी जाने की चिन्ता लगी हुई है। इस समय जो उस पर गुज़र रही है वह वही जानता है। भाई, जिस तन लागे वह तन जाने।"

"तुम कहना क्या चाहते हो?"

"मैं यह कहना चाहता हूं कि इस स्थिति में उन दोनों को किसी कानूनी सलाह की नहीं एक अच्छे परामर्श की आवश्यकता है। उन्हें वकील की नहीं एक सच्चे परामर्शदाता की ज़रूरत है जो उनके बीच की गलतफहमियों को मिटा कर उनकी टूटती हुई गृहस्थी को बचाए।"

"रमेश जी वकालत में भावुकता की कोई जगह नहीं।"

"लेकिन समाज में इन्सानियत की जगह तो है और वकील भी समाज का एक अभिन्न अंग है।"

"तो तुम चाहते हो कि वकील लोग वकालत छोड़ कर परामर्शदाता बन जाएं?"

"नहीं, विल्कुल नहीं... ऐसा मैनें कब कहा। वकील लोग सच की खातिर लड़ें। हर केस जीतना आवश्यक नहीं, जीत सच्चाई की होनी चाहिए। भगवान न करे यदि वकील के साथ ही ऐसा कुछ हो जाए तो?... तलाक... पैसा... या परिवार... क्या चाहेगा वह?"

इन शब्दों ने अशोक को विचलित कर दिया। वह चुप हो गया। उसके कानों में टेलीफोन की घंटी बजने लगी। आंखों के सामने दीपा और किसी अनजान लड़की के चेहरे तेजी से बनने-बिगड़ने लगे। तभी दीपा रसोई से निकल कर आई।

"जीत-हार बाद में, पहले खाना खा लो।"

"बहुत बढ़िया" रमेश बोला "ज़बरदस्त भूख लगी है।" लेकिन अशोक की भूख समाप्त हो गई थी। एक अनजान भय ने उसे अपने आगोश में समेट लिया था।... यदि दीपा को भी, भगवान न करे, उस पर शक हो जाए और उनके बीच भी तलाक की नौबत आ जाए तो?... अशोक सोच मात्र से ही सिहर उठा। उसे डाइनिंग टेबल तक पहुंचना भारी हो गया।

एक सप्ताह बीत गया। उस लड़की का फोन नहीं आया। 'अब उस लड़की का फोन आएगा भी नहीं' अशोक ने सोचा 'शायद उसकी धमकी उस लड़की पर असर कर गई थी।' इसलिए अशोक निश्चिन्त हो गया था।

इस बीच एक दिन उसे रमेश का फोन आया "तुम्हारे लिए एक दिलचस्प और महत्वपूर्ण समाचार है। मैं शाम को ठीक पांच बजे तुमसे घुलमिल रेस्तोरां में मिल रहा हूं।"

घुलमिल रेस्तोरां में रमेश ने अशोक को बताया कि घनश्याम, उसकी मुवक्किल ज्योति का प्रेमी, बहुत शातिर किस्म का शख्स है। उसका असली नाम घनश्याम नहीं बंसी है। वह राजस्थान से है और वहां उसकी पत्नी भी है। वह अपनी पत्नी छोड़ कर और अपना नाम बदल कर चुपचाप बिहार चला गया। वहां वह किसी आइसक्रीम फैक्ट्री में काम करता रहा। कुछ वर्ष वाद जब उसे अपना भेद खुलने का अंदेशा हुआ तो वह वहां से भाग कर यहां आ गया। यहां भी वह एक आइस फैक्ट्री में ही काम कर रहा है। उसने अपनी शादी की बात छुपा कर ज्योति को अपने प्रेम-जाल में फांस रखा है। वह उससे कहता है कि शादी के तुरन्त बाद वे दुबई चले जाएंगे। दुबई में किसी आइसक्रीम फैक्ट्री में उसकी नौकरी की बात लगभग पक्की हो गई है। ज्योति भी उसके झांसे में आ कर अपनी घर-गृहस्थी तबाह करने पर तुली हुई है। वह एक भली औरत है मगर बहुत महत्वाकांक्षी है। अन्य बहुत सी लड़कियों की तरह विदेश में रहने की लालसा ने उसे अंधा कर रखा है। वह अपना या अपने परिवार का भला-बुरा नहीं समझ पा रही। इसलिए वह चाहती है कि उसका प्रकाश से तलाक हो जाए और वह घनश्याम से शादी कर के दुबई चली जाए।"

"यह सब बातें तुम्हें कहां से पता चलीं?" अशोक ने पूछा

"तुम्हारी तरह मेरे भी कुछ गुप्त सूत्र हैं भाई।"

"क्या मैं जान सकता हूं कि तुम्हारी इस केस में इतनी दिलचस्पी क्यों है?"

"इन्सानियत के नाते।"

"और तुम यह सब मुझे क्यों सुना रहे हो?"

"ताकि तुम अनजाने में तलाक का गलत फैसला दिलवा कर एक परिवार के उजड़ने का कारण न बनो।"

रमेश की बात ने अशोक को सोचने पर मजबूर कर दिया था।

उसी रात ठीक ग्यारह बजे अशोक के सिरहाने रखा फोन एक वार पुनः घनघना उठा। घंटी की आवाज़ सुनते ही अशोक के शरीर में सिहरन सी दौड़ गई। वह तो उस घटना को लगभग भूल ही चुका था। उसने धड़कते दिल से रिसीवर उठाया।

"हैलो"

"तुम तो मुझे भूल ही गए जानू?" उसी जाने-पहचाने रोमांटिक अन्दाज़ में लड़की की आवाज़ आई "मुझसे मिलने हनीमून कैफे में भी नहीं आए और मैं तुम्हारा इन्तज़ार करती रही।"

"तुम हो कौन?"

"कहा न ...तुम्हारी दीवानी।... मैं तुमसे शादी करना चाहती हूं।"

यह सुन कर अशोक के पांव तले से जमीन सरक गई। वह वोला "असम्भव... शायद तुम जानती नहीं कि मैं शादी-शुदा हूं।"

"जानती हूं... तुम्हारे वारे में सब कुछ जानती हूं। तुम्हारी भोली-भाली खूबसूरत पत्नी के वारे में भी सब कुछ जानती हूं। मैं यह भी जानती हूं कि तुम अपनी पत्नी से बहुत प्यार करते हो और तुम्हारी पत्नी भी तुमसे उतना ही वल्कि उससे भी अधिक प्यार करती है।"

"और फिर भी तुम हमारी गृहस्थी में आग लगाना चाहती हो?"

"क्या करूं जानू... तुम हो ही ऐसी चीज़... दिल है कि मानता ही नहीं।"

"मानेगा... तुम्हारा दिल भी मानेगा जब मैं तुम्हें जेल की सलाखों के पीछे भेजूंगा।" अशोक ने तलख लहज़े में कहा।

"गुस्सा नहीं जानू" लड़की की आवाज़ शान्त थी "गुस्सा सेहत के लिए अच्छा नहीं।" फिर कुछ रुक कर वह बोली "तुम अपनी पत्नी से तलाक ले लो।"

"ऐ लड़की तू जानती है क्या कह रही है?" अशोक गुस्से में लगभग चीख उठा।

लेकिन लड़की की आवाज़ उसी तरह शान्त थी "यह तुम्हारे लिए कोई मुश्किल काम नहीं जानू। तुम तो अक्सर लोगों के तलाक दिलवाते रहते हो जिनमें बहुत से ऐसे तलाक होते हैं जिन्हें रोका जा सकता है। मगर नहीं... तुम्हें तो केस जीतना है... नाम चमकाना है... पैसा कमाना है... और मुझे तुम पर गर्व है कि तुम कभी कोई केस हारते नहीं। मुझे विश्वास है कि तुम अपने तलाक का केस भी नहीं हारोगे। मैं तुम्हें फिर फोन करूंगी। तुम मुझे निराश नहीं करोगे। मेरे पास कुछ चित्र हैं... मेरे और तुम्हारे यानि कि हम दोनों के इकट्ठे... जिन्हें तुम किसी भी सूरत में, किसी भी कीमत पर सार्वजनिक होने देना नहीं चाहोगे।"

"किन्तु मैं तो तुमसे कभी मिला ही नहीं। मैं तो तुम्हें जानता तक नहीं। फिर यह चित्र?"

"ट्रिक फोटोग्राफी डियर जानू। असली और नकली में कोई पहचान नहीं।… अरे हां, अपनी सेक्रेटरी माला के साथ तो तुम अक्सर हनीमून कैफे जाते रहते हो।… वे चित्र तो असली हैं।"

"क्या?… मैं और माला… हां, मगर… काम के सिलसिले में… किसी मुवक्किल से मिलने के लिए… प्योरिली प्रोफेशनल।"

"हां… मगर यह तो तुम जानते हो, तुम्हारी पत्नी दीपा नहीं। शक बहुत बुरी बला है जानू।… सोच लो। जल्दी ही फोन करूंगी।" फिर एक हल्की सी हंसी और फोन कट गया।

अशोक परेशान हो उठा। तलाक के नाम मात्र से ही वह अन्दर तक हिल गया। वह बिस्तर से उतर कर कमरे में टहलने लगा। दीपा चुपचाप अशोक को फोन पर बातें करते हुए देख रही थी। अशोक को इस तरह परेशान देख कर वह घबरा गई। उसने उसे समझाने की कोशिश की।

"क्या हुआ अशोक? उसी लड़की का फोन था?"

"हां… वह मुझे ब्लैकमेल करना चाहती है।"

"कैसे?"

"कहती है उसके पास कुछ फोटोग्राफ हैं।"

"मगर तुम तो उससे कभी मिले ही नहीं।"

"हां… ट्रिक फोटोग्राफी… उसने खुद कहा।"

"बकवास कर रही है वह। उसके पास कुछ नहीं। तुम चिन्ता मत करो। हम कल ही फोन को सर्वेलेंस पर डलवा देंगे। आसानी से उस लड़की का पता चल जाएगा। फिर उससे निपट लेंगे। तुम बिल्कुल चिन्ता मत करो।

मुझे तुम पर पूरा भरोसा है। चलो, लेट जाओ और सोने की कोशिश करो।” हालांकि दीपा जानती थी कि अशोक सो नहीं पाएगा।

तभी फोन की घंटी फिर बजी। अशोक फोन की ओर ताकने लगा। घंटी बजती रही। अशोक रिसीवर उठाने का साहस नहीं कर पा रहा था। दीपा ने रिसीवर उठाया।

“हैलो… कौन?”

“नमस्कार मैडम” लड़की का स्वर था “अशोक जी से बात करवाइए।”

“तुम हो कौन?”

“यह मैं अशोक जी को ही बताऊंगी। आप फोन उन्हें दीजिए।”

दीपा ने अशोक की ओर देखा और इशारे से उससे कहा कि वह घबराए नहीं, लड़की से बात करे। अशोक ने बहुत बेदिली से रिसीवर दीपा के हाथ से ले लिया।

“हैलो”

“घबरा गए जानू?… अरे मैं तो तुमसे मजाक कर रही थी।”

उस लड़की की आवाज़ ने अशोक को आश्चर्य में डाल दिया। वह बोला “तुम हो कौन और इस मजाक का मतलब?”

“सब बताती हूं” वह लड़की बोली “देख लिया न आपने कि तलाक कितनी खतरनाक चीज़ है। इसके अहसास मात्र से ही आपकी रूह तक कांप उठी और जिसके साथ यह असल में होता है उसके साथ क्या बीतती होगी, कभी सोचा है आपने? क्यों सोचेंगे आप? आपको तो दौलत और शोहरत चाहिए… बस। लोगों की हकीकी ज़िन्दगी से

आपको क्या सरोकार।... अक्सर लोग छोटी-छोटी गलतफहमियों के शिकार हो जाते हैं जिससे उनके खुशहाल परिवार टूटने की कगार तक आ पहुंचते हैं। तब उन्हें कानूनी सलाह नहीं, इन्सानी परामर्श चाहिए। कोई इन्सान जो नेक सलाह से उनकी गलतफहमी दूर करे और तलाक जैसी भयावह घटना रोक दे। इसका अहसास मगर उसी को होता है जिस पर बीतती है।... जिस तन लागे वह तन जाने।"

"मगर यह सब तुम मुझे क्यों सुना रही हो?"

"समझदार हो, स्वयं सोचो, समझ जाओगे।... यह मेरी आखिरी कॉल है जानू। इसके वाद मैं तुम्हें तंग नहीं करूंगी" और फोन कट गया।

किंकर्तव्यविमूढ़ अशोक बहुत देर तक हाथ में पकड़े रिसीवर को ताकता रहा। सारी घटना को समझने की कोशिश करता रहा। बात धीरे-धीरे उसकी समझ में आने लगी थी। दिमाग पर पड़ा बोझ छंटने लगा था।

दूसरी तरफ रमेश ने रिसीवर फोन पर रखा और लेट गया। उसके चेहरे पर सफलता की मुस्कुराहट थी। उसे अपनी कलाकारी पर बहुत गर्व महसूस हो रहा था। सच में, लड़की की आवाज़ निकालने में उसका कोई सानी नहीं। अपने दोस्त का मन दुखाने के लिए उसे हल्की सी ग्लानी का अहसास अवश्य हो रहा था किन्तु वह जानता था कि अच्छाई के लिए किया गया हर काम सही है। उसका उद्देश्य तो केवल अपने दोस्त के अन्दर सोई हुई इन्सानियत को जगाना था। उसका मानना था कि व्यावसायिकता के साथ-साथ इन्सानियत का होना बहुत आवश्यक है।

अगले दिन अपने चैम्बर में दाखिल होते ही अशोक ने माला से 'ज्योति बनाम् प्रकाश' के केस की फायल मांगी और माला से कहा कि

वह ज्योति और प्रकाश दोनों को अगले दिन चैम्बर में बुला ले। नमन से बात करना भी आवश्यक था। फिर उसने रमेश को फोन किया।

"तुम तुरन्त मुझसे मेरे चैंबर में आकर मिलो। मुझे तुमसे बंसी बनाम् घनश्याम के बारे में कुछ जानना है।"

"यह अचानक क्या हो गया?"

"तुम्हारे नाटक 'जिस तन लागे' की याद आ गई। नाटक देखने से पहले मैं तुमसे कहानी सुनना चाहता हूं... मेरे सामने 'ज्योति बनाम् प्रकाश' की केस-फयल पड़ी है।"

"अभी हाजिर हुआ वकील बाबू।"

अशोक आराम से अपनी कुर्सी पर पसर गया। उसके चेहरे पर संतुष्टि की झलक थी और दूसरी ओर रमेश के चेहरे पर सफलता की खुशी। फोन वाली लड़की अशोक के लिए एक पहेली ही बनी रही।